KB036312

시장자유주의를 넘어서

칼 폴라니의 사회경제론

김영진 지음

한울
아카데미

저자 서문

칼 폴라니에 대한 관심이 국내에서도 점차 커지고 있다. 폴라니는 특히 사회학, 인류학, 정치경제학 등의 학문 영역에서 논의의 대상이 되고 있다. 이는 폴라니가 글로벌화와 같은 일부 현안에 대해 흥미로운 시각을 제공하고 있기 때문인데, 원래 폴라니가 가진 지성사적 중요성을 생각해 본다면 때늦은 감이 있다. 어쨌든 국내에서 폴라니에 대한 학문적 관심이 높은데도 그에 대한 체계적인 소개는 부족한 실정이다. 그의 주요 저술들이 국내에 다수 번역되어 있는 현실에 비추어 본다면 의아한 일이기도 하다. 추측건대 그 원인은 국내에 폴라니 연구자 수가 제한되어 있고, 그의 글쓰기 자체가 난해한 데에 있다. 특히 해외에서는 폴라니의 글이 대학생이나 대학원생의 필독서가 되고 있음에도 불구하고, 국내에서는 아직 그러한 단계에 이르지 못하고 있다. 언어나 번역의 어려움 때문에 대학생이나 대학원생 수준에서 그의 저술을 직접 읽고 이해할 수 있기란 쉽지 않다. 이러한 맥락에서 이 책은 폴라니를 좀더 쉽고 체계적으로 이해하는 데 도움을 주기 위해 쓴 것이다.

이 글은 특히 폴라니의 사상을 그의 대표 저술인 『대전환(*The Great Transformation: The Political and Economic Origins of Our Time*)』과 그 이후의 시기를 중심으로 정리했다. 물론 폴라니는 — 이 책의 부록에 그의 생애를 소개한 부분에 있는 것처럼 — 그 이전부터 저널리스트와 사회운동가로서 많은 글들을 발표하였고, 그 가운데 일부는 상당한 반향을 일으키기도 하였다. 그리고 『대전환』과 그 이후의 학문활동도 이러한 초기 사회활동의 연장선에서 이해할 수 있다. 그럼에도 그의 가장 큰 학문적 업적이 『대전환』과 경제인류학 연구에 있다고 해도 과언이 아니라고 생각한다. 따라서 이 책은 그의 사상 전체를 다루기보다는 그가 학문을 본격적으로 시작한 이후의 시기에 국한하여 썼다.

방법론적 측면에서는 폴라니의 사상에 관해서 논의하기보다는 사상 자체를 가능한 한 있는 그대로 전달하는 데 역점을 두었다. 그리하여 독자들에게 가능한 한 폴라니 자신의 언술을 직접 접할 수 있도록 하였다. 지은이가 이미 고정해 놓은 틀로 사고하는 것이 아니라 독자 스스로 판단할 수 있는 여지를 더 크게 하려는 의도였다. 이를 위해 설명과 함께, 중요한 주장에 대해서는 직접 인용하는 방식을 활용하였다. 동시에 이론적 논쟁이나 관점의 비교는 일단 최소화시키고, 폴라니를 되도록 그 자체로 전달하려고 했다. 물론 폴라니의 글을 있는 그대로 옮겨놓는 것도 입문서의 역할에 배치되는 일이다. 거기에는 나름대로 일관성 있는 재구성이 필요한데, 이 책에서도 그러한 시도가 이루어졌다. 여러 곳에 널려있는 폴라니 글에서 다루어지고 있는 내용들을 시기적으로 구애받지 않고 체계화하여 재구성하였던 것이다. 재구성의 구체적인 방식에 대해서는 이 책의 제1장에서 상술했다.

그렇다면 왜 폴라니인가 하는 문제를 제기할 수 있다. 사실 폴라니의 의의가 어디에 있는가 하는 문제에 대한 대답은 이 글 전체를 통해서 얻을 수밖에 없을 것이다. 그렇지만 중요한 것은 지은이에게 폴라니의 의미는 단순히 우리가 직면하고 있는 현실적인 문제에 대한 해결의 가능성을 제공하는 데에 머물지 않는다는 점이다. 폴라니를 연구하고 또 소개서를 쓰면서 지은이는 좀더 본질적으로 학문의 의의 자체를 고민하게 되었다. 그것은 바로 학문과 실천의 관계이다. 사실 오늘날 우리 사회는 문제해결 절차에서 기본적인 사유(思惟)나 철학적 논의가 결여되어 있다는 생각이 든다. 그것은 무엇보다도 과거 권위주의 시기에 발생했던 학문의 자유에 대한 억압, 그리고 민주화 과정에서 일어난 무책임한 선명성 경쟁 때문에, 학문과 현실이 서로 괴리되었고 학문의 설 자리가 협소하게 되었기 때문이다. 그와 더불어 사회 전반에 시장자유주의가 확산되면서 각 학문영역에도 시장기제가 급속히 확대되고 있다.

문제는 이처럼 인간과 사회에 대한 근본적인 이해나 그것을 바탕으로 하는 의사소통의 장(場)이 줄어들 경우에 발생하는 상황이다. 거기에는 아마도 경쟁과 완력만이 지배하게 될 것이고, 이때 소수에 대한 배려는 물론 사회 전체에 대한 고려도 이루어지기 어렵게 된다. 개방적이고 민주적인 사회는 문제의 해결에서 획일성이 아니라 다양성이 관철되는 사회일 것이다. 그리고 이를 위해서는 무엇보다도 이론과 실천의 접촉면이 확대되어야 한다. 그것은 현실적으로 실천의 전제로서 다양한 의견의 교류와 그를 위한 이론적 탐구가 좀더 진지하게 이루어져야 한다는 것을 의미한다. 이를테면 생산성과 이윤의 증대, 응용과학이나 기술의 발전, 세계화의 추구 등에 앞서 그것들이 가지는 사회학적·철학적·인류학적 의미들을 따져보아야 한다. 그리고 여기에서 자세히 나열할 수 없는 수많은 크고 작은 사회정책 문제들에 대해서도 마찬가지이다. 그것은 의견만이 있고 이해(理解)가 없는 사회에서는 균형 잡힌 선택을 위한 토론과 타협을 기대하기가 힘들기 때문이다. 이러한 맥락에서 폴라니에 대한 소개가 이론적 탐구와 그것을 바탕으로 하는 실천의 중요성을 환기시키는 데에 조금이나마 기여하기를 기원한다. 중국 속담에 의하면 "행동하는 것은 쉽지만, 아는 것은 어렵다"라고 한다.

2005년 6월

김영진

일러두기

* 이 책의 각주에 나오는 폴라니의 저서는 다음과 같은 약자로 표기
하였다.

GT　*The Great Transformation: The Political and Economic Origins of Our Time*, Karl Polanyi, Boston: Beacon Press, 1944.

DST　*Dahomey and the Slave Trade: An Analysis of an Archaic Economy*, Karl Polanyi, Seattle: The University of Washington Press, 1966.

PAME　*Primitive, Archaic, and Modern Economies: Essays of Karl Polanyi*, Karl Polanyi, (ed.) by George Dalton(Boston: Beacon Press, 1968.

LM　*The Livelihood of Man*, Karl Polanyi, (ed.) by Harry W. Pearson, New York: Academic Press, 1977.

TMEE　*Trade and Market in the Early Empires: Economies in History and Theory*, Karl Polanyi, Conrad M. Arensberg, and Harry W. Pearson(eds.), New York: The Free Press, 1957.

차례

제1장

머리말: 문제의식과 학문체계

1. 『대전환』의 정치경제

폴라니의 대표적인 저술로 간주되는 『대전환』(1944)은 다음과 같은 구절로 시작된다. "19세기 문명이 붕괴되었다. 이 책은 이 사건이 가져온 대전환과 함께 붕괴의 정치적·경제적 기원에 관한 것이다."[1] 이것은 그의 문제의식이 20세기 초반 유럽 각국에서 나타난 시장자유주의 질서의 위기에서 출발하고 있음을 의미한다. 국내적으로 사회세력 간 대립이 격화되고, 극심한 인플레이션과 실업이 발생하면서, 시장은 자기조정 기능을 상실하였다. 국제적으로는 한편으로 국내시장의 위기에 대한 돌파구로서 보호무역주의가 나타나고, 다른 한편으로는 값싼 원료의 공급과 상품 판로의 확보를 위한 제국주의가 등장하게 되었다. 그 결과 세력균형과 금본위제를 기반으로 하는 자유무역 질서도 와해되었다. 이러한 혼란에 직면하여 그것을 통제하려는 사회적 충동이 있게 되고 여기에 기회주의적으로 편승한 파시즘이 대두하였다.

---

1) GT, p.3.

폴라니에 의하면 전 지구적 차원에서 이루어지고 있는 이러한 사회적 전환은 대규모 전쟁과 국가 간의 역학관계 변화 등 외형적인 현상으로 나타나지만, 그 저변에서는 19세기에 정점에 이르렀던 시장경제의 해체 과정이 조용히 진행되고 있다. 그의 문제의식은 시장경제질서가 붕괴되는 정치적·경제적 원인과 그에 따른 새로운 대전환을 규명하려고 하는 것이었다. 그에 의하면 지난 100여 년간, 즉 1815년부터 1914년까지 유럽사회의 평화를 지탱한 것은 네 가지 제도였다. 그것은 첫째, 강대국 간 대규모 전쟁을 억제한 세력균형(balance of power), 둘째, 세계경제의 조직원리로서 금본위제(gold standard), 셋째, 자기조정적 시장(self-regulating market), 넷째, 자유국가(liberal state)였다. 이 제도들 가운데 20세기 초에 일어난 파국의 직접적인 원인은 금본위제의 몰락이었지만, 19세기 유럽문명의 더 근원적인 조직 기반은 바로 자기조정적 시장이었다. 금본위제는 국내의 시장체제를 국제적 범위까지 확대한 것이었고, 세력균형은 그 위에 세워진 상부구조였으며, 자유국가 자체도 자기조정적 시장의 창조물이었다.

그런데 폴라니에 따르면 자기조정적 시장은 지극히 모순적인 제도였고, 거기에 파국의 원인이 있었다. 다시 말해 위기의 근본적 원인은 18세기 말의 사회적·기술적 변화, 즉 산업혁명 과정에서 나타난 자기조정적 시장이라고 하는 — 폴라니의 용어로 말한다면 — 유토피아적 이념에 있었다. 19세기 서구사회와 다른 사회들의 근본적인 차이는 전자가 인류의 역사에서 거의 인정되지 않았던 특이한 기반, 즉 경제적 동기에 기초하고 있다는 것이다. 그에 따르면,

우리가 붕괴를 목격하고 있는 문명의 특징은 그것이 바로 경제적 토대에 기반을 두고 있다는 것이다. 물론 모든 사회나 문명이 생존의 물질적 조건에 제약을 받으며, 이것은 모든 인간 삶의 공통된 특징이다. …… 그렇지만 19세기 문명만이 독특한 의미에서 경제적이었다. 이 문명은, 인간사회의 역사에서 거의 인정되지 않았고 결코 이전에는 일상에서의 행위를 정당화하는 수준까지 격

상되지 않았던 동기, 즉 이윤동기에 기반을 두었다. 자기조정적 시장체제는 유일하게 이 원리에서 도출되었다. 이윤동기로 작동하는 메커니즘의 결과는 역사상 종교적 열정의 가장 폭력적인 분출에 비유될 수 있었다.[2]

시장경제에 대한 폴라니의 이러한 판단은 사회에서 경제의 위치에 대한 그의 독특한 해석과 관련된다. 그에 의하면 시장경제의 등장 이전의 인간 삶에서 경제는 사회적·문화적 관계에 '묻혀있었다.'[3] 그에 반해 시장경제에서 경제는 점차 거기에서 분리되어 벗어나게 된다. 나아가 경제체제가 자체의 법칙에 따라 움직이게 되면서 사회적·문화적 관계도 시장의 규칙에 종속되기에 이른다. 이러한 의미에서 자기조정적 시장은 인간과 자연을 절멸시키는 속성을 갖고 있다. 그것은 무엇보다도 이윤동기와 수요와 공급에 따른 가격 결정을 특징으로 하는 시장경제에서 인간의 사회적 관계가 해체되고, 자연도 삶의 일부가 아니라 생산요소가 되면서 파괴의 대상이 되기 때문이다.

그렇지만 시장의 파괴적 속성에 직면하여 그에 대한 사회적 저항, 즉 자기보호 시도는 자연스런 일이다. 사회의 자기보호 시도는 대내외적으로 각종 개입주의적 내지는 보호주의적 조치로 나타난다. 이것은 사회의 자기보호 운동이 시장경제의 결과가 아니라 시장경제의 또 다른 측면에 불과함을 의미한다. 자기보호 운동이 시장의 파괴적 성격에 대한 동시발생적 운동이라는 점에서 양자는 긴밀한 관계를 갖고 있다. 결국 시장경제의 형성은 자기조정적 시장과 더불어 사회의 자기보호라는 이중운동(double movement)의 형태를 띠게 된다. 그렇지만 사회적 저항은 자기조정적 시장의 기능과 그에 따른 경제생활을 훼손함으로써 다른 방식으로 사회를 위험에 빠뜨릴 가능성이 있다. 이러한 딜레마 때문에 시장체제는 20세기 초반 그 유연성을 상실하고 마침내 사회 조직을 붕괴시켰던 것이다. 이제까지 언급된 그

---

2) GT, p.30.
3) 이 개념은 이 책의 제2장 1절 '경제주의의 오류'에서 상술.

의 주장은 『대전환』의 앞부분에 다음과 같이 요약적으로 제시되어 있다.

> 우리의 주장은 자기조정적 시장의 이념(idea)이 완전한 유토피아를 함축하고
> 있었다는 것이다. 자기조정적 시장제도는 사회의 인간적·자연적 실체를 절멸시
> 키지 않고는 한시도 존재할 수 없었고, 그것은 [내버려 두었다면 — 지은이] 인
> 간을 물리적으로 멸망시키고 자연환경을 황폐화시켜 버렸을 것이다. 불가피하
> 게 사회는 자신을 보호하기 위한 조치들을 취하였는데, 그렇지만 어떤 조치를
> 취하더라도 그것은 시장의 자기조정을 훼손하였고, 산업생활을 해체시켰으며,
> 그 결과 다른 방식으로 사회를 위험에 빠뜨렸다. 이러한 딜레마 때문에 시장체
> 제는 일정한 경로에 따라 전개되었고, 결국 그것에 바탕을 둔 사회 조직은 붕
> 괴되었다.4)

이러한 의미에서 본다면 서구 자본주의의 위기는 근원적으로 19세기 유
럽사회에 평화를 가져왔던 시장경제 자체에 내재해 있는 셈이다. 여기서
"독일 파시즘을 이해하기 위해서는 리카도(David Ricardo)의 영국을 돌아보
아야 한다"라는 폴라니의 주장이 갖는 의미를 이해할 수 있다.5) 시장경제
의 기원과 형성 과정에 대한 연구가 요구되는 것은 바로 이러한 이유에서이
다. 실제 『대전환』의 대부분은 시장경제가 형성되는 과정에 할애되고 있다.6)

---

4) GT, pp.3~4.

5) GT, pp.28~30.

6) 폴라니의 대전환은 구체적으로 어떤 역사적 단계를 의미하는가. 이와 관련해서는 18
세기 후반 산업혁명과 시장경제의 등장에 초점을 맞추는 경우(Braudel)와, 반대로 20
세기 초 시장경제의 위기에 직면하여 독일과 이탈리아의 파시즘, 러시아의 사회주
의, 미국의 뉴딜정책 등을 시도하고 있는 경제에 대한 사회적 통제 과정으로 이해하
는 경우(Goldfrank, 1990)가 있다. 일부에서는 19세기 초반 서유럽에서 산업혁명과
그 이후 시장경제의 확대를 거치면서 자본주의 사회가 형성되고, 20세기 초반 그것
이 다시 시장에 대한 사회적 통제를 특징으로 하는 새로운 변화를 겪는 과정을 포괄
한다고 보기도 한다. 프레드 블록은 각각의 대전환을 제1차 대전환, 제2차 대전환으
로 부른다(Block, 2001: 6/25~7/25). 그런데 앞에서 인용한 글귀와 『대전환』 서두
부분을 본다면, 대전환은 20세기 초반 국내외적 차원에서 시장경제질서의 붕괴에
따른 결과를 의미한다. 다만 앞 문장에 반영되어 있고 실제 그런 것처럼 『대전환』의
주된 내용은 20세기 초 자기조정적 시장경제의 붕괴에 따른 대전환의 상황보다는

시장경제의 형성과 관련하여 주류 이론에서는 시장경제가 인간의 속성에 맞고 그에 따라 진화된 경제체제인 것처럼 생각하고 있다. 그렇지만 폴라니의 입장에서 시장경제는 인류 역사에서 매우 예외적이고 우연적인 경제체제일 뿐이다. 그것은 국가와 사회세력, 그리고 그들을 대변하는 이론가들에 의해 일종의 '계획'된 것이었다. 이러한 이유에서 시장경제의 실제적·이론적 전개 과정에 대한 분석이 위의 이중운동 개념에 의한 시장경제의 내적인 모순을 제기하는 것과 함께 『대전환』의 중요한 내용을 이룬다.

2. 경제인류학의 의의

폴라니는 자신의 대표저작인 『대전환』 이후 약 20년 동안 경제인류학 연구에 몰두하였다. 『대전환』에 경제인류학적 요소가 없는 것은 아니지만 소위 비시장사회에 대한 광범위한 연구는 그 이후에야 이루어졌고, 이것이 그의 중요한 학문적 기여로 평가되고 있다. 폴라니는 『대전환』으로 집약되는 초기 연구를 통해 시장경제가 내재적 모순을 가지고 있고, 그 모순이 이미 20세기 초반에 현실적인 문제가 되었으며, 따라서 시장경제에 대한 대안이 마련되지 않으면 안 된다는 결론에 도달하였다. 그 이후의 작업, 즉 경제인류학 연구도 시장경제 이후의 사회(post-market society)에 대한 모색을 궁극적인 목적으로 하고 있다. 이를 위해 그는 인류 역사에서 다양하게 확인되는 경제형태에 대한 비교분석을 통해 시장경제에 국한된 우리의 시야를 확대하여 새로운 대안의 가능성을 보여주려고 하였다. 궁극적으로 그는, 마르크스(Karl Marx)의 용어로 말한다면, 교환가치가 중심이 되는 형식

그것의 정치적·경제적 기원으로서 자기조정적 시장의 형성과 특징에 관한 분석이다. 『대전환』의 원제도 부제인 『우리 시대의 정치적·경제적 기원』이었다고 한다. 이러한 의미에서 본다면 대전환과 관련된 의견차이의 원인은 이 책의 제목과 내용의 불일치에 있으며, 『대전환』이라는 제목보다는 부제가 『대전환』의 내용을 더 잘 반영한다고 하겠다.

적 경제가 아니라 사용가치를 기반으로 하는 소위 실체적 경제(substantive economy)로의 회귀를 제기하고 있다.

역사학이나 경제학에서 시장경제 이전의 경제체제에 대한 연구는 오랫동안 있어왔다. 그렇다면 폴라니는 어디에 기여한 것인가. 그것은 폴라니가 비시장경제의 고유한 의미를 인정하고 나아가 그것에 시장경제와 동등한 가치를 부여하려 했다는 데 있다.[7] 그에게 역사적으로, 그리고 지리적으로 다양하게 존재해 온 경제형태들 사이에는 어떤 진화적 관계가 존재하는 것이 아니다. 그것들은 각기 인간의 삶에 대한 상이한 조직방식일 뿐이다. 그런데 이제까지 비시장경제에 대한 경제인류학적 연구는 시장경제를 설명하기 위해서 만들어진 개념이나 이론을 그대로 적용하는 것에 멈추었다. 그에 반해 폴라니는 인류의 역사에서 다양하게 발견되는 각종 시장적·비시장적 경제체제들을 동일한 비교분석의 대상으로 설정함으로써 오늘날 시장경제가 당면하고 있는 문제들의 소재와 해결에 대한 지평을 크게 확대하였다. 다시 말해 현대의 시장경제 위기와 시장경제 이전의 경제체제를 서로 연결하여 보편적인 경제 조직과 발전에 관한 이론을 정립하려 했던 것이다.[8] 이것은 경제사에 대한 소개에 그치지 않고 경제인류학을 위한 새로운 이론을 제시함으로써 비로소 가능한 것이었다.

그렇다면 비시장사회는 어떠한 방식으로 시장사회에 대한 대안의 모색에 기여할 수 있는 것인가. 그리고 그것은 어떤 근거에서인가. 서아프리카의 다호메이(Dahomey)에 대한 연구를 예로 들면서, 폴라니는 크게 두 가지 근거에서 문맹의 원주민들이 이룬 문명적 성취를 강조하고 있다.[9] 첫째는 폴라니가 '조작적 문명(operational civilization)'이라고 부르는 문명의 단계와

---

7) Paul Bonanan, "Foreword," Karl Polanyi. *Dahomey and the Slave Trade*(Seattle: The University of Washington Press, 1966), p.vii.

8) J. Ron Stanfield, *The Economic Thought of Karl Polanyi: Lives and Livelihood*(New York: St. Martin's Press, 1986), p.26.

9) DST, pp.xx~xxi.

관련된다. 여기에는 그 과정에 대한 언어적 개념화 없이도 복잡한 기계적·
조직적 성과가 이루어질 수 있는 정교한 장치가 존재한다. 자갈을 이용한
정교한 통계, 세분화된 셈 체계 등이 그 예이다. 이것은 기계를 이용하여
인간의 사고를 대체하는 방식이며, 컴퓨터에 비교되는 발전된 소통방식이
라고 할 수 있다. 둘째는 고도의 통치술(statecraft)이다. 그 사회에는 시장체
제가 없기 때문에 생산과 재화의 배분에서 정교한 통치술이 발달하였다.
오늘날 통치술이 쇠락한 것은, 시장이 확대되면서 정부를 대체하게 되었기
때문이다. 이를테면 고대사회에서는 의식적이고 세련된 방식으로 독자적인
통화가 사용되었는데, 아산티(Ashanti)족은 금덩어리를, 다호메이족은 구하
기 쉬운 별보배조개(cowrie)10)를 국가의 통제 아래 교환의 수단으로 사용함
으로써 교역의 확대에도 안정된 교환비율을 유지하였다.

결국 폴라니는 비시장사회에도 복잡한 — 오히려 시장사회보다 더 복잡한 —
갈등과 그에 대한 나름대로의 정교한 해법들이 존재하고 있으며, 이것들은
시장사회의 대안과 관련된 문제들에 대한 시사점을 준다고 보았다. 자유와
관료주의의 모순, 또는 계획과 시장 간의 모순은 오늘날의 문제가 아니라
원시사회에서도 나타난 문제이다. 즉 자유로운 교환과 중앙집중적 계획 사
이의 모순뿐만 아니라 정교한 행정에서 오는 자유에 대한 위협 등 딜레마
가 다호메이와 같은 원주민 사회에서도 서로 작용하고 있었던 것이다. 이
와 관련하여 폴라니는 다음과 같이 언급하고 있다.

---

10) 화폐의 진화와 다호메이의 별보배조개 화폐의 사용에 관해 폴라니는 매우 독특한
설명을 하고 있다. 통상적인 견해로는 별보배조개가 무한정 많이 있어서 원시적 형
태의 화폐로 사용되었다는 것이다. 그렇지만 폴라니에 의하면, 서아프리카 다호메이
에서 별보배조개는 국가에 의해 의식적으로 창조된 발전된 형태의 화폐이다. 그의
설명에 의하면, 별보배조개는 서아프리카에서 나는 것이 아니라 외부에서 배로 들여
와야 하는데, 국가가 수입을 통제하였다. 그리고 하나의 고리에 꺼워진 조개의 수나
묶인 고리의 수를 정하게 하여 다양한 화폐단위로 삼았다. 이로써 재화의 등가적 관
계가 정해져서 별보배조개는 조세, 관리의 급여뿐만 아니라 교역의 수단이 되었다
(Polanyi, 1968: 179~86, Humpreys, 1969: 183~84).

초기 국가의 사회구조에는 자유와 효율성 모두를 지켜주는 제도적 장치들이 매우 풍부하다. 다호메이의 시골에는 마을과 수풀에 크고 작은 시장들이 많았지만, 파종 곡식의 선택은 중앙의 계획에 따라 지시되었다. 대외 교역은 이 시장들과 구분된 관료적 네트워크, 즉 '교역항'의 중재를 통해 이루어졌다. 중앙정부는 가족, 그리고 지역 생활과 직접 관련된 활동에서 공식적으로 분리됨으로써 임의적인 지배가 방지되었다. 그러한 법적인 권한의 분리는 궁정에 소재한 국방, 교역, 조세, 통화 등 행정 부문의 구분이 이루어짐으로써 더욱 강화되었다. 그와 함께 지역적 자치는 왕 자신이 감히 해칠 수 없는 오랜 관습에 뿌리를 내리고 있었다.11)

이러한 맥락에서 폴라니의 일차적 목표는 19세기에 절정에 이르렀던 시장경제의 사회학적 의미를 밝히는 것이었고, 궁극적으로는 시장경제에 의해 와해된 사회적 유대를 회복하는 일이었다.12) 다시 말해 경제인류학 연구의 직접적인 동기는 "생산을 인간의 사회적·문화적 필요에 종속시키는 방식으로 우리의 현대 기술사회를 조직하고, 폴라니 자신의 용어를 빌자면 경제를 사회에 '재흡수하여', 동료 인간과 자연환경에 대한 인간의 책임이 비인격적인 시장의 힘과 비인격적인 국가 기술관료의 명령을 능가할 수 있는 사회적·정치적 질서를 세우는 것"이었다.13)

방법론과 관련하여 폴라니는 주요 사건의 진행 과정을 나열만 하는 역사적 접근이 아니라, 제도라는 측면에서 역사적 사건들의 흐름에 대해 설명하려고 한다. 이를 위해 그는 과거에 대한 연구가 바로 현재의 문제들을 밝히기 위한 것이며, 연구방법에서는 시공간적 제약과 학문 분과의 경계에 제약을 받지 않을 것임을 강조한다.14)

---

11) DTS, pp.xxi~xxii.

12) R. M. MacIver, "Foreword," Karl Polanyi. *Great Transformation*, 1944, p.ix.

13) Polanyi-Levitt, Kari(ed.). *The Life and Work of Karl Polanyi*(Montreal: Black Rose Books, 1990), pp.116~117.

14) GT, p.4; LM, p.xxxix.

3. 글의 구성

폴라니의 연구 영역이 매우 다양하고, 논리의 전개도 복잡하기 때문에 그것을 효과적으로 정리하는 데에는 어려움이 있다. 가장 중요한 것은 『대전환』과 경제인류학 연구 두 영역을 결합하여 체계화하는 문제이다. 앞서 언급한 것처럼 『대전환』과 경제인류학 연구는 근본적으로 동일한 문제의식, 즉 시장사회가 역사적으로 보편적이 아니라 예외적인 사회형태라는 점에서 출발하고 있다. 그렇지만 『대전환』이 서구의 시장사회 등장과 성격에 대한 직접적 분석을 통해 앞의 사실을 보여주려고 하였다면, 그 이후 역사와 경제인류학 연구에서는 시장에 의해 지배되지 않는 원시사회와 고대사회에 대한 분석이 시도되었다. 결국 폴라니의 사상체계를 제대로 이해하기 위해서는 『대전환』에 나타나있는 시장경제를 둘러싼 정치경제학적 내지는 역사적 분석과 함께 비시장사회에 대한 인류학적 분석에 대한 이해가 병행되어야 한다.15)

폴라니의 경제인류학 연구는 시장경제를 포함한 모든 경제체제들을 설명하기 위한 비교분석의 틀을 제시하고 있다. 이러한 측면에서 본다면 『대전환』에서 시도하고 있는 시장사회의 형성에 관한 분석을 검토하기 이전에 그의 경제인류학 연구에 관한 이해가 선행되어야 할 것이다. 다양한 경제제도들이 인류 역사에서 등장하였고, 또 동시대에 지리적으로 상이한 곳에서도 확인되고 있다. 이 경제제도들에 대한 비교분석은 현재 우리가 살고 있는 시장경제에 의해 각인된 고정관념에서 벗어나, 좀더 개방적인 시각으로 인간의 경제를 이해하는 데 도움을 줄 것이다. 결국 경제인류학에

---

15) Naeem Inayatullah and David L. Blaney, "Towards an Ethnological IPE: Karl Polanyi's Double Critique of Capitalism." *Millenium: Journal of International Studies*, 28, No.2, 1999, pp.311~312, Gregory Baum, *Karl Polanyi on Ethics & Economics*(Montreal & Kingston: McGill-Queen's University Press, 1996), pp.8~15. 이 책의 제목을 경제인류학이나 정치경제학과 같은 개념으로 하지 않고 조금 생소하지만 사회경제론으로 한 것도 양자를 결합하려는 이유에서이다.

대한 이해를 바탕으로 『대전환』에서 다루고 있는 시장경제의 등장과 그것의 문제와 성격, 그리고 그에 대한 대안적 사회의 모색 등이 차례로 다루어질 수 있다. 이러한 맥락에서 이 책은 다음과 같이 서술된다.

제1장의 머리말에 이어 제2장에서는 폴라니의 경제인류학 방법론과 그 체계에 대해서 살펴본다. 이것은 다시 크게 세 부분으로 세분화된다. 첫째, 오늘날 시장경제에서 지배적인 시각으로서 경제주의의 오류, 특히 방법론적 개인주의와 경제적 합리주의, 그리고 시장원리를 통해 비시장사회를 이해하려는 시장중심적 사고에 대한 폴라니의 비판에 대해서 소개한다. 둘째, 인류의 역사상 존재해 온 각종 경제형태들에 대한 객관적인 인식과 분석을 위해 폴라니가 강조하고 있는 비교체제론과 제도 분석에 대해서 살펴본다. 세부적으로는 비교체제론의 의의, 그것의 중요한 인식론적 출발로서 사회에서 경제가 가지는 상이한 위치, 그리고 제도와 사회 현실에 대한 중시의 요구 및 그것과 자유의 결합 문제 등에 관해서 논의한다. 셋째, 생존에 필요한 물질적 생산을 의미하는 실체적 경제에 대한 폴라니의 논의를 검토한다. 이것은 일정한 목적의 달성과 관련하여 희소한 수단들 사이의 선택을 다루는─ 주류 경제이론이 입각하고 있는─ 형식주의 경제에 대한 대안적 접근방식이라는 점에서 폴라니의 경제인류학 방법의 중요한 내용이 된다. 그와 더불어 경제행위와 과정에 연속성과 구조를 제공하는 소위 제도화 과정에 대한 개념적 설명이 덧붙여진다.

제3장에서는 경제인류학적 발견의 결과로서 인류 역사상 존재해 왔던 시장적·비시장적 경제 유형들과 경제제도들에 대해 소개한다. 먼저 경제 유형들과 관련하여 폴라니는 호혜, 재분배, 교환 등 3가지 경제 통합 유형을 통해서 인간의 생존을 위한 경제체제가 자기조정적 시장에 국한되지 않는다는 것을 보여준다. 이어 경제제도와 관련해서는 교역, 화폐, 가격 등 시장경제의 몇 가지 중요한 구성요소의 역사적 존재방식에 대해서 다룬다. 자유주의 경제이론가들은 시장경제가 아닌 사회에서도 이러한 요소들이

존재한다는 사실로 시장경제의 보편성을 주장한다. 그렇지만 여기서는 각
각의 사회에서 이러한 요소들의 기능이 제도적으로 상이하다는 것을 보여
줌으로써, 자유주의 경제이론에 대한 반론을 제기한다.

제4장은 『대전환』의 주된 내용을 이루는 것으로서 유럽에서 시장경제의
역사적 기원과 전개 과정에 대해 서술한다. 전반부에서는 시장경제의 출현
에 관하여 이론적·역사적 과정을 다룬다. 먼저 시장이 교환행위 → 지역시
장 → 국내시장 → 국제시장으로 발전한다는 자유주의 이론의 단계적 설명
에 대한 폴라니의 반론이 소개된다. 여기서는 시장이 궁극적으로 대외무역
(원격지무역)에서 출발하고 있다는 점을 강조한다. 이어 가격형성 시장의 역
사적 등장에 대해서 언급하는데, 중세 도시의 폐쇄적 특징, 중상주의 시기
국가에 의해 통제된 전국시장의 형성, 산업혁명 과정에서 토지, 노동, 화폐
등 주요 생산요소들이 '허구적 상품'으로 전환되는 과정을 살펴본다. 그와
함께 시장경제의 등장에서 자유주의 이론의 역할에 대해서도 주목한다. 제
4장의 후반부에서는 시장경제 형성의 중요한 부분으로서, 그리고 사회 구
성원 다수와 관련되는 문제로서 노동시장의 역사적 형성 과정에 대해서 살펴
본다. 구체적으로는 노동시장의 형성을 위한 국가의 의식적인 노력으로서 관
련 입법에 대한 검토, 그리고 그에 대한 이론적 합리화를 살펴본다.

제5장에서는 폴라니의 시장경제에 대한 내재적 비판으로 알려진 이중운
동에 대해서 살펴본다. 이를 위해 먼저 시장경제가 사회구성에 대해서 갖
는 파괴적 속성을 다룬다. 이때 사회와 경제의 결합과 분리라는 개념을 통
해서 시장경제의 특징을 설명하고, 인간과 자연, 그리고 사회적 관계의 해
체 가능성에 주목한다. 여기에는 시장의 국제적 확대에 따른 식민지 사회
의 해체도 포함된다. 이어 시장화의 확대와 동시에 나타나는 사회의 자기
보호 운동에 대해서 살펴본다. 이를 위해 역사적으로 노동, 토지, 화폐의
시장화에 대한 제한적 조치들과 함께 자기보호의 주체로서 계급과 국가의
역할에 대해서도 주목한다. 이어 사회의 자기보호 운동이 시장경제를 훼손

시키는 과정에 대해서 다룬다. 특히 시장경제의 위기에 대한 결과로서 파시즘이 등장하는 과정에 주목한다.

제6장에서는 『대전환』의 중요한 문제영역인 국제정치경제에 관해서 다룬다. 먼저 국내적 수준에서 시장경제에 상응하여 국제적 차원에서 자유주의 경제질서의 형성과 그 특징을 살펴본다. 여기에서는 자유무역과 그것의 중요한 수단인 금본위제의 등장과 성격에 주목한다. 아울러 이러한 경제질서를 뒷받침해주기 위한 정치질서로서 세력균형의 유지와 그것의 중요한 매개체로서 금융대자본의 역할에도 주목한다. 이어 국내시장에서 이중운동에 의한 시장경제의 훼손과 상응하여 세계시장에서 보호주의의 등장과 그에 따른 금본위제를 비롯한 국제경제질서의 해체, 그리고 궁극적 결과로서 평화의 파괴와 전쟁에 관해서 다룬다.

제7장에서는 위기에 처한 시장사회의 대안을 살펴본다. 폴라니는 그에 대한 직접적인 언급보다는 몇 가지 전제조건을 제시하고 있다. 관건은 정치적 민주주의를 어떻게 경제로 확대시킬 것인가, 자유와 강제(권력) 사이의 모순을 어떻게 처리할 것인가 하는 문제이다. 그에 따르면 순수한 형태의 자기조정적 시장이 작동할 수 없는 소위 복합사회에서 성장과 발전만을 지향하는 자본주의 시장경제를 회복하려는 시도는 성공할 수 없다. 경제에 대한 사회적 통제를 통해 사람들 사이의 유대와 자유를 지향하는 체제를 모색해야 한다는 것이다.

제2장

시장중심주의 비판과 경제인류학 방법

1. 경제주의의 오류

1) 경제적 인간과 경제적 합리주의

아담 스미스(Adam Smith)[1] 이래 주류 경제학자들은 인간을 경제적 인간
(economic man)으로 간주해 왔다. 즉 물질적 이익의 추구는 인간의 자연스런
천성에 속하며, 이를 위해 '거래, 교역, 교환하는(truck, barter, and exchange)' 속
성을 갖는다는 것이다.[2] 『국부론』의 논리적 출발인 노동분업은 이익 추구
와 교환적 존재로서 개인을 상정하고 있다. 이러한 시각에서 시장이나 교
역은 외부에서 금지하지 않는 한 자연스럽게 출현한다는 논리가 성립한다.
이를테면 고대의 도덕주의자들이 이익 추구를 비판하지 않고 개명하지 못
한 독재자가 제멋대로 화폐의 가치를 떨어뜨리지 않았다면, 교환에 속도가

---

1) 아담 스미스(1723~1780): 영국의 경제학자. 노동분업 이론과 상품의 가치는 생산에
   쓰인 노동에서 생긴다는 노동가치설을 주창. 자유방임적 경제에서 인간의 이기적 충
   동이 사회적 복지를 가져온다고 믿음.
2) Adam Smith, *An Inquiry Into the Nature and Causes of the Wealth of Nations*
   (Chicago: Encyclopedia Britannica, Inc., 1952[1776]), p.8.

붙으면서 화폐가 자연스럽게 출현하여 모든 물건은 교환의 범위에 포함되었을 것이라는 이야기다.3) 그렇지만 폴라니의 입장에서 볼 때, 다음에서 상술하는 것처럼, 이러한 주류 경제이론의 원자주의(atomism) 내지 방법론적 개인주의는 시장경제의 산물로서 시장경제에만 해당하며, 모든 사회에 해당하는 것은 아니다. 교환을 통한 이익의 추구는 시장경제가 형성되는 역사적 과정의 전제조건이 아니라, 오히려 그 결과로서 제도적으로 강요된 행동양식이다.4) 사회 전체와 관련하여 시장경제에서는 모든 사회제도가 경제체제에 의해 '결정'된다는 독트린이 창조된다. 경제가 모든 사회의 기본법칙인 것처럼 보이는 것이다.

물론 시장경제에서 경제 결정주의는 창조된 이념이나 환상이 아니라 현실이다. 노동시장에서 수요와 공급은 각각의 담당자로서 고용인과 피고용인(노동자) 계급의 관계를 구성하게 된다. 다른 사회계급들도 일정한 상품의 수요와 공급에 따라 정해진다. 이를테면 자본가, 지주, 소작인, 중개인, 상인, 전문직 등 사회계급들도 자본, 토지, 화폐, 그리고 다른 서비스의 공급과 사용의 관계에서 각각의 위치에 따라 구분된다. 계급들의 소득은 시장에 의해 정해지며, 그 소득은 다시 그들의 사회적 지위를 결정하게 된다.5) 시장기제에 의해 사회계층이 결정될 뿐만 아니라 다른 여러 가지 사회제도도 거기에 맞춰야만 한다. 정부, 결혼, 자녀 양육, 교육, 종교, 예술, 직업 선택, 주거, 그리고 다른 취미 등도 시장경제의 공리주의적 유형에 맞춰지든가 아니면 적어도 시장경제의 작동을 방해해서는 안 된다. 시장경제에서는 경제적 관계가 직, 간접적으로 거의 사회 전체를 결정하고 있는 것이다.6)

---

3) LM, pp.14~15.

4) J. Ron Stanfield, *The Economic Thought of Karl Polanyi: Lives and Livelihood*(New York: St. Martin's Press, 1986), p.32.

5) LM, p.12.

6) LM, p.12, PAME, p.71.

또한 시장사회의 이념적 요소로서 중요한 것은 경제적 합리주의(economic rationalism)이다. 이에 따르면 시장사회는 일정한 유형의 합리성의 규칙에 따라 행동하는 인간 개체의 집합체일 뿐이다. 합리적 행동이란 희소한 자원으로 일정한 목적을 가장 효과적으로 달성하는 것을 뜻한다. 경제적 합리주의는 목적이나 수단의 선택과 같은 문제 자체에는 관심이 없다. 폴라니에 의하면, 합리성은 두 가지 측면을 포함하고 있다. 그것은 공리적 가치 척도(utilitarian value scale)와 과학적 가치 척도(scientific value scale)로서, 양자는 각각 목적과 수단에 관련된다. 공리적 가치 척도의 측면에서 합리성은 미학적, 윤리적, 또는 철학적인 것과 반대의 의미를 갖는다. 이것은 마치 어떤 영웅적인 이상보다는 버터 바른 빵을 선호한다는 의미에서 합리성을 의미한다. 과학적 가치 척도는 마술, 미신, 무지 등과 반대의 의미를 갖는 것으로, 이를테면 환자가 점쟁이보다는 의사를 찾는다는 의미이다. 오늘날 공리적 가치 척도는 학문적으로는 의미를 상실했지만, 과학적 방식은 여전히 영향력을 발휘하고 있다.7) 요컨대,

> 합리주의의 경제적 변종은 희소성의 요소를 모든 수단-목적 관계에 끌어들인다. 나아가 목적과 수단 자체와 관련하여, 그것은 우연히 특이하게 시장경제 상황에서만 적용될 뿐, 다른 상황에서는 합리적이라고 할 보편적 권리가 없는 두 가지 가치 척도[즉, 공리적 가치 척도와 과학적 가치 척도 — 지은이]를 합리적이라고 간주한다. 이러한 방식으로 목적의 선택과 수단의 선택이 합리성이라고 하는 최고의 권위 아래에 있다고 주장하게 된다. 경제적 합리주의는 이성을 희소성의 상황에 철저하게 국한시킴과 동시에 그것을 모든 인간의 목적과 수단에까지 철저하게 확장시키는 성과를 거둔 것처럼 보인다. 그럼으로써 경제적 합리주의는 저항할 수 없는 각종 형태의 논리를 갖춘 경제주의적 문화에 확고한 근거를 제공하고 있다.8)

---

7) LM, p.13.
8) LM, p.13.

폴라니에 의하면 목적이나 수단의 선택은 단순히 경제적으로 합리적인
것에 그치지 않고 도덕적이고 실천적인 요구에 대한 동기나 평가를 내포한
다. 그것은 인간이 원래 물질적 동기에 의해서만 경제활동을 하는 것은 아
니기 때문이다. 동기는 종교적이거나 정치적이거나 미학적일 수도 있다.
그 예로 중세의 가장 큰 교역 주체였던 수도원은 종교적 목적에서, 복잡한
물물교환 체제를 갖고 있는 서(西)멜라네시아 트로브리앙(Trobriand) 사람들
의 쿨라(kula)무역[9]은 미학적인 목적에서, 봉건경제는 주로 관습이나 전통
적 목적에서, 그리고 중상주의에서는 주로 권력과 명예를 목적으로 한 경
제활동이 이루어졌다.[10] 오로지 19세기 이후 시장경제만이 배고픔과 이익
이 개인의 경제활동 참여에 대한 효과적인 동기가 되도록 조직되었다.

그와 함께 시장경제가 등장하기 이전 인간은 사회집단의 일원으로서 경
제활동에 참여하였다. 개인의 경제행위는 비경제적 목표들을 포함한 넓은
범위의 사회적 관계에 "묻혀있었다(embedded)."[11] 경제가 사회적 영역과

9) 자세한 내용은 이 책의 제3장 1절 '역사상의 경제 유형' 참조.

10) LM, p.11.

11) GT, pp.60~61. embed나 embedded(ness) 개념을 우리말로 번역하는 것이 간단하
지 않다. 이를테면 일본어 번역서에서는 모두 '埋め込む'으로 되어있다. 『대전환』과 『인
간의 경제』를 일본어판에 의존하여 번역한 박현수 교수도 '매몰' 또는 '파묻혀있는'
으로 표현하였다. 국내에서 폴라니에 관한 연구 논문을 쓴 원용찬 교수는 '묻혀있
는'이라는 개념을 사용하고 있다. 폴라니의 글 가운데 일부 알려지지 않는 글들을 모아
번역한 홍기빈 씨의 경우에는 '묻어 들어가 있는'으로 번역하고 있다. 그와 달리 『초기
제국의 교역과 시장』을 번역한 이종욱 교수는 '체화된'이라는 상당히 생소한 개념을
사용하고 있다. 그런데 폴라니는 embed 대신 종종 absorb(포함), submerge(물에 잠김),
enmesh(그물에 걸기) 등의 개념을 사용하고 있다. 전반적인 맥락에서 embed는 '결합'이
나 '포함'의 의미가 있지만, 그것은 두 가지 요소가 서로 동등하게 결합되어 있거나
아니면 그저 섞여있는 것이 아니라, 하나가 다른 큰 것에 종속적으로 결합되어 있는
것을 의미한다. 그리고 프레드 블록은 이 개념이 언어학적으로 '광산의 암벽들 사이
에 'embedded'되어 있는 석탄'과 연관되는 것으로 추측한다(Block, 2000: 8/25). 이
러한 의미에서 본다면 원용찬 교수의 '묻혀있는'이라는 번역이 비교적 옳다고 생각
된다. 한편 embedded와 반대개념으로서 disembedded를 홍기빈 씨는 '튀어나온'으
로, 이종욱 교수는 '체화되지 않은'으로 번역하고 있는데, 다소 어색하다고 본다. 이
개념은 '이탈된'으로 번역되기도 하지만 약간 소극적인 뉘앙스를 준다. 따라서 폴라
니가 함께 사용하고 있는 separated 또는 separateness와 같이 '분리된'으로 번역하는
것이 무난하다고 생각된다.

결합되어 있는 한, 개개인의 경제행위는 일정한 규범을 가진 사회에서 제
약을 받게 된다. 경제에 대한 사회적 제약은 고대의 도시국가, 전제적 제
국, 봉건제, 중세의 자치도시, 중상주의 체제 등 시장경제 이전에 나타난
사회들에서 모두 확인된다. 개개인의 행위는 사적·공적 책임, 종교적 계율
의 준수와 정치적 충성, 법적인 책임과 왕·자치도시·길드 등이 정해놓은
행정적 규제 등 다양한 원천에 기반을 두었다. 또한 개인의 경제행위는 위
계질서와 신분, 법적 강제와 처벌의 위협, 명예와 같은 다양한 동기들로 규
정되었다. 상인 등 일부 사람들이 이익을 추구하였지만, 일반적으로 경제
적 합리성에 입각한 이익 추구가 보편적이지 않았고, 더욱이 이것에 기반
을 둔 통합적인 경제제도, 즉 시장경제는 존재하지 않았다.[12]

2) 시장심리

또한 폴라니는 시장경제에서 지배적인 세계관으로서 시장심리(market
mentality)를 비판한다. 시장심리란 시장 유형을 인간의 보편적인 경제로 이
해하는 것을 의미한다. 경제를 시장현상으로 제한함으로써 시장 이외의 경
제제도를 도외시하거나 나아가 모든 경제현상에 대해 인위적으로 시장적
특징을 부여하려는 것이다.[13] 그와 함께 인류의 모든 사회에 대해서 시장
경제에서와 같이 경제적으로 합리적인 행위를 요구하는 유사한 상황, 즉
수단의 희소성이 상정된다. 원시나 고대에서 확인되는 경제제도들이나 행
위들도 원래 시장경제에 해당되는 용어들로만 파악된다.[14] 결국 시장심리
는 자유로운 경쟁사회의 상(像)을 역사의 결과로 이해하는 것이 아니라 그
전제로서 과거에까지 투사하고 있는 것이다.

---

12) PAME, pp.66~67.
13) LM, p.6.
14) George Dalton, "Introduction," Karl Polanyi. *Primitive, Archaic, and Modern
Economies: Essays of Karl Polanyi*(1968), p.xxxvi.

폴라니에 의하면, 일단 인간의 모든 경제행위가 이윤동기에 바탕을 두고, 경쟁적 태도로 결정되며, 공리주의적 가치가 지배하는 시장으로 조직되면, 사회는 이윤의 추구에 종속된 조직체가 되고 만다. 경제적 이윤동기가 현실에서 절대화되면, 인간은 사회를 상대적으로 볼 수 있는 능력을 상실한다. 경제라는 개념은 인간의 삶에 대한 구상과 그것을 보장할 기술을 연상시키는 것이 아니라, 이윤과 같은 특정한 동기나 경쟁과 같은 특정한 행위 등을 연상시킨다. 동시에 원래는 주변적인 것에 지나지 않았던 경제적 합리성과 같은 목적이 강조된다. 또한 인류 역사에서 존재해 온 경제체제들의 영속적인 특징들이 아니라 시장경제에서 나타나는 일시적이고 임의적인 특징들이 경제의 본질로 간주된다. 시장심리의 심각성은 그것이 앞으로 닥쳐올지도 모를 경제문제들에 대한 좀더 현실적인 접근을 방해한다는 데에 있다. 폴라니의 용어로 말한다면 시장의 파괴적 힘과 불안정성에 대한 두려움 때문에 사람들은 전체주의적 방식(파시즘)에 호소하려고 하는 것이다.[15]

그와 함께 시장 편향적 사고에는 정치적인 측면에 대한 고려가 결여되어 있다. 이러한 사고는 수요·공급에 의한 가격형성 메커니즘과 같은 순수 이론적인 시장경제 기제에 머물러있고, 경제의 다른 제도적인 배경을 충분히 고려하지 않는다. 물질적 동기만 현실적으로 간주되고 이상주의적 동기는 비효율적인 것으로 평가절하된다. 그에 반해 정치적 행위에 대해서는 매우 비판적 입장이 취해지고 역사기술에서도 마찬가지이다. 시장위주의 관점은 경제적 합리화를 위한 제도들을 갖고 있지 않은 사회들을 관심 밖으로 배척하고, 역사적으로 밝혀진 비시장적 경험들을 사소하고 불합리한 역사적 편린(片鱗)으로 보는 경향이 있다. 나아가 비시장사회에 대해서도 부정적인 평가가 내려진다. 이러한 사회에는 정의, 법, 자유 등이 거의 존재하지 않는 것으로 간주되는 것이다.

---

15) LM, pp.xvl~xvli.

그렇지만 역사상의 많은 사회들은 나름대로 정의의 구현, 법의 준수, 관료적 억압이 없는 중앙집중적 경제 등을 목표로 하고 있었다. 경제영역에서 제도화된 가치로서 정의, 법, 자유 등은 정치권력에 의해 의식적으로 추구된 결과였다. 폴라니의 표현에 의하면,

> 종족사회에서 유대는 관습과 전통에 의해 보호되었고, 경제활동은 사회의 정치적·사회적 조직에 묻혀있었다. 어떤 경제적 이익에 입각한 거래도 이루어지지 않았고, 임의적인 교환행위는 종족의 단합에 저해적인 것으로서 억제되었다. 지역단위의 지배체제가 형성되는 과정에서 왕은 기존의 종족적 관계가 느슨해지면서 약화될 운명에 있던 공동체적 삶에 중심을 제공하였다. 동시에 국가의 도움으로 엄청난 경제적 진보가 이루어졌다. 이전에 이익지향적이고 반(反)사회적인 것으로 금지되었던 경제적 거래는 정교합일적 왕의 개입을 통해 이익중립적이 되고 그에 따라 정의롭고 합법적인 것으로 규정되었다. 정의는 등가적 교환에 의해 제도화되었고, 이것은 법규로 공포되어 지역국가의 조세나 재분배적 기능을 담당하고 있던 궁정이나 사원 등 조직들에 의해 다양한 방식으로 실시되었다. …… 인간에게 정의, 법, 자유를 가져다준 이러한 조치들은 원래 경제영역에서 국가의 조직적 행위에 의해 가능하였던 것이다.[16)]

폴라니의 관점에서 비시장적 경제체들은 시장경제의 축소판 내지는 초기의 종(種)으로 보아서는 안 되며, 그들은 시장경제와 전적으로 다른 경제체일 수도 있다. 오히려 우리가 시장이라고 부르는 수요·공급에 의한 가격기제는 특수한 구조를 가진 근대적 제도에 불과하다. 폴라니는 시장경제의 특징으로써 다음과 같은 사실에 주목한다. 그것은 무엇보다도 경제행위가 인간의 물질적 필요를 충족시키는 실체적 관계를 벗어나 이윤 획득을 위한 교환적 관계로 전환되었다는 점이다. 시장경제에서는 경제적 생존이 포괄적인 사회적(경제외적) 관계에서 분리되어 시장 메커니즘에 따라 좌우됨으로서, 사회적 보호망을 상실한 인간의 삶은 매우 불안정하고 불확실해졌

---

16) LM, pp.16~17.

다. 이러한 맥락에서 그는 인류 역사에서 풍부하게 확인되는 각종 경제체제들을 비교·연구함으로써 시장경제의 특징과 한계를 규명하고 그 바탕 위에서 새로운 대안을 찾으려고 하였다. 역사에 대한 학습은 시장경제의 인식론적 바탕이 되는 경제적 합리주의 내지는 시장 심리를 극복하는 데 중요한 의미를 가진다.

2. 비교체제론과 제도 분석

1) 비교체제론의 의의

모든 사회에는 자연과의 상호작용과 자연 자체의 변형을 통해 인간이 자신의 욕구를 충족하기 위한 재화와 서비스가 생산·공급되는 영역, 소위 경제 영역이 존재한다. 그리고 전적으로 원시적인 사회가 아니라면 노동에 따른 일정한 분업이 존재하고, 동시에 이러한 경제활동을 조정할 수 있는 통합적인 제도들이 필요하다. 장소로서의 시장, 교역, 화폐, 회계수단 등이 거의 모든 사회에 일반적으로 나타나고 있고, 외형적으로도 유사하다.[17] 외형적인 유사점이 있지만 실제 그것들의 의미나 역할은 각각의 경제체제에서 다를 수 있다. 따라서 이 범주들을 기준으로 경제체제들을 비교분석하는 것은 중요한 의미를 가진다. 그 과정에서 각각의 범주들이 갖는 유사점과 차이점을 동시에 고려할 수 있다. 그래야만 오늘날의 경제적 범주들을 이전의 경제까지 성급하게 일반화시키거나 서구사회의 경제적 범주들을 비서구사회에 일방적으로 적용시키려는 인종중심주의적 오류를 피할 수 있을 것이다. 비교분석에서 현실적으로 중요한 것은 자본주의 이전과 비서구사회의 경제체제가 갖는 구체적인 사회 전체적 맥락을 충분히 고려

---

17) PAME, pp.xli~xlii.

하는 일이다.[18]

폴라니의 연구에 의하면 역사상 존재해 온 많은 사회들은 시장경제와는 전적으로 다른 원리에 기반을 두고 있었다. 다시 말해 개인으로 하여금 합리적이고 효율적인 경제행위 내지는 자원의 최적 배분을 강제하는 제도적 틀이 없는 소위 '시장 없는 경제체들'이 존재해 왔다. 사실 경제적으로 합리적인 행위는 시간이나 에너지를 합리적으로 사용한다는 의미에서 있을 수 있지만, 그러한 원칙들이 오늘날과 같이 개개인의 일상적 삶에 반영되도록 하는 교환제도가 반드시 존재하는 것은 아니다. 이러한 맥락에서 수요와 공급에 따른 가격형성 기제에 바탕을 둔 시장경제제도 또한 역사적이고 제도적인 한계가 있다는 점을 밝혀야 한다.[19]

좀더 구체적으로 폴라니의 관심사는 인간의 역사에서 나타나는 각종 경제형태에서 노동, 토지 등 주요 재화나 서비스의 생산 및 거래가 넓은 의미의 사회 조직이나 문화와 어떻게 제도적으로 결합되어 있는지를 규명하는 일이었다. 이를 위해서는 재화 및 서비스의 생산과 분배를 위한 조건과 동기를 규정하는 사회적 맥락이 충분히 고려되어야 한다. 또한 경제행위가 어떻게 사회와 연관되는지를 체계적으로 설명하기 위해서는 기존의 역사학이나 인류학에서 밝혀낸 제도들을 바탕으로 한 일정한 분석체계가 있어야 한다. 폴라니는 경제체제 유형을 묘사하기 위해서 기존의 순수 경제적 개념이 아니라 호혜, 재분배, 교환과 같은 경제사회학적 개념들을 사용하고 있다. 폴라니의 방법이 제도 분석이라는 것은 이러한 의미에서이다. 이를 바탕으로 그는 인류 역사에서 존재하였던 다양한 경제형태들에 대한 연구를 통해서 원시나 고대 경제가 비교경제체제의 일부로서 간주되어야만

---

18) 이와 관련하여 스탠필드는 시장사회와 원시, 고대사회의 차이를 문화적 차이로 간주하고, 비교분석을 문화비교 분석으로 이해하고 있다(Stanfield, 1986: 28~29). 문화에 대한 정의가 불명확하기 때문에 논쟁의 여지가 있으나 지은이가 판단하기에 폴라니는 결코 문화환원론자가 아니다. 그의 저작에는 문화라는 개념이 별로 언급되고 있지 않으며, 오히려 사회 조직이나 제도가 더 강조된다.

19) TMEE, pp.xvii~xviii.

비로소 경제인류학이 가능하다는 것을 보여주었다.[20]

폴라니에 의하면 시장이 보편적이고 불변하는 경제조직이라는 생각, 어떤 경제체제도 시장의 개념으로 설명할 수 있다는 생각, 경제조직이 모든 사회에서 사회 조직과 문화를 결정한다는 생각은 수정되어야 한다. 그러한 오류는, 인류 역사에서 예외적이고 특이한 경제체제인 자기조정적 시장경제에서 확인되는 현상을 다른 경제체제에 적용시키려는 데에서 발생한다. 자유주의 경제학자들은 종종 인류 역사가 경제적 합리성의 증대라는 방향으로 움직여왔고, 오늘날 자본주의 발전은 그 연장선 내지는 정점으로 간주한다. 그렇지만 폴라니에 의하면 인류의 경제사에서 그러한 방향성이란 없다. 그의 경제인류학은 시장경제의 개념을 모든 경제형태에 그대로 적용하는 이러한 시장중심적 경향에 대한 대응에서 출발하고 있다.

이러한 요구에도 불구하고 기존의 비교경제체제 이론은 효율성, 성장, 도시화 등과 같은 유사한 목적을 가진 현대 산업경제로서 자본주의와 사회주의의 비교에 국한되었다. 그 결과 사회진화적 측면에서 역사적·조직적 특성들은 충분히 고려되지 못했다. 그것은 경제인류학의 주요 관심분야인 원시나 고대 경제체제와 오늘날의 산업 경제체제를 비교할 때에만 가능한 것이었고, 폴라니의 기여도 여기에 있다.[21] 폴라니의 경제인류학 연구는 시공간의 제약을 넘어 다양한 범위에서 이루어지고 있다. 그는 시간적으로는 고대 함무라비 시대의 바빌로니아에서 18세기 영국의 산업혁명 과정, 그리고 현대의 파시즘에 이르기까지, 공간적으로는 유럽에서 아프리카의 다호메이와 태평양의 트로브리앙 섬에 이르기까지 광범위한 영역을 대상으로 하고 있다. 그는 고대와 현대, 원시와 문명을 수평적으로 비교함으로써 경제인류학의 체계를 잡았던 것이다.

---

20) George Dalton, "Introduction," Karl Polanyi. *Primitive, Archaic, and Modern Economies: Essays of Karl Polanyi*(1968), p.x.

21) PAME, p.x, J. Ron Stanfield, *The Economic Thought of Karl Polanyi: Lives and Livelihood*(New York: St. Martin's Press, 1986), p.27.

2) 사회에서 경제의 위치

그렇다면 시장사회를 그 이전 사회형태와 구분 짓는 결정적인 특징은 무엇인가. 폴라니에 의하면 그것은 무엇보다도 시장관계가 비경제적 제도들에 연관되어 있는가, 거기에서 분리되었는가의 여부와 관계된다. 비시장사회에서 생산 과정은 가족, 이웃, 지역공동체 등과 같은 다양한 사회제도에 굳게 결합되어 있었다.

최근 역사연구와 인류학연구의 두드러진 발견은 인간의 경제가 일반적으로 자신의 사회적 관계에 묻혀있었다는 점이다. 인간의 경제적 행위는 물질적 재화의 소유에 대한 개인적인 이익을 지키기 위한 것이 아니라 자신의 사회적 지위와 사회적 요구, 그리고 사회적 자산을 지키기 위한 것이었다. 인간이 물질적 재화를 평가하는 기준은 이러한 목적에 부합하는가 아니면 부합하지 않는가 하는 것일 뿐이었다. 생산 과정뿐만 아니라 분배 과정도 재화의 소유에 결부된 특정한 경제적 이익과 결합되어 있지 않았다. 생산과 분배에서 모든 행위는 궁극적으로 사회에서 요구되는 몇 가지 이익에 부합하도록 이루어졌다. 이러한 사회적 이익이란 소규모 수렵 공동체와 대규모 전제 사회에서 서로 달랐을 것이지만, 이 두 가지 경제체제는 모두 비(非)경제적 동기에 따라 움직였다.[22]

폴라니가 길게 인용하고 있는 뉴기니 아라페시(Arapesh)족의 주거방식에 대한 미드(Margaret Mead)[23]의 설명은 어떻게 경제적인 것이 매우 복잡하고 다양한 사회적 관계와 결합되어 있는지 잘 보여주고 있다.

그러므로 전형적인 아라페시 남자는 적어도 얼마 동안이라도 자신이 소유하지 않은 토지에서 살고 있다. 왜냐하면 개개인은 정원의 오두막, 사냥하는 덤

---

22) GT, p.46.

23) 마가렛 미드(1901~1978): 미국의 여류 문화인류학자. 서사모아의 마누(Manu), 뉴기니의 아라페시, 무두구머(Mudugumor), 챔불리(Tchambuli), 발리(Bali) 종족에 대한 현지 조사를 통해 주로 남성과 여성 간 역할의 문화적 차이를 연구한 것으로 유명.

불숲 근처에 있는 오두막, 그리고 사고(sago) 야자수 근처에 있는 오두막에서 살 뿐만 아니라 둘이나 그 이상의 마을에서 살기 때문이다. 집 주위에는 돼지들이 있는데, 그것들은 아내가 키우지만 실제 아내의 친척이나 자신(남편)의 친척 누군가의 소유이다. 집 옆에는 코코넛과 빈랑나무(betel palm)가 있지만 그것들은 여전히 다른 사람들에게 속하며 그 열매는 소유주나 소유주가 처분을 위임한 사람의 허락 없이는 절대 손대는 일이 없다. 그는 사냥할 때 잠시나마 아내의 형제나 사촌에게 속하는 덤불숲에서 사냥을 하며, 자신의 덤불숲에서 사냥하는 나머지 시간에는 다른 사람도 함께 참여한다. 그는 자신의 사고 야자수 숲에서뿐만 아니라 다른 사람의 사고 야자수 숲에서 사고 야자수를 가꾼다. ······ 자기 소유의 돼지는 멀리 떨어진 다른 오두막들에 있고, 자신의 야자수는 [자신의 오두막을 기준으로 — 지은이] 한쪽 방향으로 3마일, 반대쪽 방향으로 2마일이나 흩어져있다. 자신의 사고 야자수는 그보다 더 넓게 흩어져있고, 그의 밭은 여기 저기 흩어져있는데, 대개는 다른 사람 소유의 땅에 있다. 모닥불 위 연기가 나는 훈제걸이에 고기가 있다면 그것은 형, 아내의 남편, 사촌과 같은 다른 사람이 잡아서 그와 그의 가족이 먹도록 선물한 것이다. 아니면 그가 스스로 잡아서 다른 사람들에게 선물하기 위해서 훈제하고 있는 것이다. 왜냐하면 자신이 잡은 것을 스스로 먹는 것은 비록 작은 새 한 마리라도 도덕이 결여된 사람만이 범할 죄이기 때문이다. 아라페시족에게 도덕적 결여는 대개 정신적 결여를 의미한다. 자신이 살고 있는 집이 명목적으로 자기 것이라고 하더라도, 그것은 적어도 부분적으로는 헐리거나 잠시 사람이 살지 않게 된 다른 사람들의 집에서 가져온 기둥과 판자, 그리고 거기서 빌려온 목재로 만들어졌을 것이다. 그는 서까래가 너무 길어도 자기 집에 맞추기 위해 자르지 않을 것인데, 그것은 후에 다른 모양이나 크기로 누군가의 집을 지을 때 필요할 것이기 때문이다.[24]

결국 자본주의 등장 이전 인간의 삶에서 경제는 사회적·문화적 관계에 묻혀있었다. 시장도 존재하였으나 그것은 자기조정적 의미를 갖는 것이 아니라 우연적이고 이차적으로만 경제생활의 일부를 차지하였다.[25] 그러나

---

24) PAME, pp.87~88.

25) GT, p.43, LM, p.78.

서구에서 18세기 이후 경제생활은 점차 사회적·문화적 맥락에서 벗어나게
되었다. 특히 노동, 토지, 화폐가 상품화되면서 경제는 스스로 존립근거를
갖게 되었고, 자체의 법칙에 따라 움직이는 소위 자기조정적 시장이 형성
되었다. 그에 의하면 시장경제에서는,

경제가 사회적 관계에 묻혀있는 것이 아니라 사회적 관계가 시장체제에 묻
혀있다. 사회의 존재에 대해 경제적 요소가 갖는 결정적인 중요성으로 인해 다
른 결과란 있을 수 없다. 왜냐하면 일단 경제체제가 — 특정한 동기들에 바탕을
두고 특별한 위상을 부여하는 — 별도의 제도들로 조직되면, 사회는 그 경제체
제가 자체의 법칙에 따라 기능하도록 허용하는 방식으로 조직되어야 하기 때문
이다. 시장경제는 시장사회에서만 기능할 수 있다는 잘 알려진 주장은 바로 이
러한 의미에서이다.[26]

역사적으로 사회에 대한 경제의 '묻힘'과 분리의 개념은 다른 사회학자
들의 사회구분과 상응하여 설명된다. 그것은 경험적으로 메인(Sir Henry James
Summer Maine)[27]의 신분사회와 계약사회의 구분, 퇴니스(Ferdinand Tönnies)[28]
의 공동사회와 이익사회의 구분과 비교될 수 있다. 다만 메인이 계약사회
로의 전환을 인간해방의 측면에서 긍정적으로 본 반면에, 퇴니스는 그것을
공동체적 유대의 상실이라는 측면에서 부정적으로 보았을 뿐이다. 폴라니
의 관점에서는 신분사회나 공동사회에서 경제가 독자적으로 존재하지 않
았다. 그에 반해 계약사회나 이익사회에서는 경제영역이 제도나 동기에서
독자적으로 존재한다. 특히 계약이 교환의 법률적 측면을 의미한다는 점에
서 계약사회에서는 교환이 이루어지는 별도의 경제영역, 즉 시장의 영역이

---

26) GT, p.57.
27) 메인(1822~1888): 영국의 법률가, 역사학자. 제도의 역사비교 연구의 선구자. 사회
　　는 관습에서 법으로 발전해 왔다는 것을 주장함.
28) 퇴니스(1855~1936): 독일의 사회학자, 정치학자. 상호협조와 신뢰에 바탕을 둔 전
　　통적 형태의 자발적 공동체와 자기이익이 지배하는 근대사회를 구분한 것으로 유명함.

존재하게 되는 것이다.[29] 이전에는 경제적인 것을 표기하는 별도의 개념이 존재하지 않았고, 경제라는 개념 자체도 약 200년 전에야 생겨났다.

요컨대 폴라니에 의하면 원래 인류 역사에서 경제는 근본적으로 그 목적이나 수단에서 비경제적인 속성의 환경과 결합되어 있었다. 경제의 개념을 추출해 내는 일이란 근대 이후에야 비로소 이루어졌다.

3) 제도, 사회 현실, 그리고 자유

그렇지만 근대 이후의 경험은 경제가 묻혀있던 사회적 관계들을 파악해 내기 위해 필요한 어떤 개념적 틀도 제공하지 않고 있다. 경제가 제도적으로 연관되어 있던 사회적 관계를 파악하는 일이 바로 폴라니가 말하는 제도 분석의 임무였다.[30]

자유주의 경제이론에서는 앞서 언급한 것처럼 인간을 '경제적·합리적 인간'으로 규정한다. 여기서 인간의 행동은 인간 본성에 따라 물질적 이익과 기호의 충족을 극대화하기 위한 것으로 묘사된다. 이러한 본질주의적 시각과 달리 폴라니의 출발은 사회이다. 폴라니에 의하면 개개인의 동기나 선호는 사회제도적 근거 없이는 이해할 수 없다. 다시 말해 인간의 경제적 동기나 행위의 근거가 인간의 본성에 따라 주어지는 것이 아니라 외생적으로 주어진다는 것이고, 바로 사회적 제도에 의해 주어지는 것이다. 나아가 경제는 사회 전체와 분리될 수 없다. 경제는 다른 사회 영역들과 구조적으로 관련되어 있다. 경제 구조와 기능에서 화폐제도나 기계와 같은 경제제도와 마찬가지로 종교와 정부도 매우 중요하다.[31] 사회의 진화 과정에서 인간의 본성보다는 사회 조직이나 제도가 중요하다는 것은 폴라니의 다음과 같은 주장에서 잘 나타나 있다.

---

29) PAME, pp.82~84.

30) TMEE, p.242.

31) TMEE, p.250.

종족사회의 경우를 보자. 개개인의 경제적 이익이 절대적인 경우는 거의 없다. 왜냐하면 공동체는 그 자체가 어떤 재난을 당하지 않은 한에서는 모든 구성원들을 굶주림에서 보호하기 때문이다. 그리고 재난을 당한다고 하더라도 개인적이 아니라 집단적 이익이 위협받는다. 반면 사회적 유대를 유지하는 것이 결정적으로 중요하다. 그것은 첫째, 명예나 관용과 같이 사회적으로 수용되는 규범을 무시하게 되면 개인은 공동체에서 스스로를 단절하게 되고 버림받게 되기 때문이다. 둘째, 장기적으로 모든 사회적 의무는 상호적이고, 그것의 이행은 각기 주고받기식 이익관계와 잘 부응한다. 이러한 상황은 개개인이 자신의 의식에서 경제적 자기이익을 제거하도록 끊임없이 압력을 가하게 되고, 결국 많은 경우(모든 경우는 아니지만) 자신의 행동이 갖는 의미를 그런 이익이라는 관점에서 파악조차 하지 못하게 된다. 이러한 태도는 종족 공동의 포획물이나 멀고 위험한 탐험의 결과물을 나누는 공동체 활동들로 더 강화된다. 관용에 대한 보상이 커다란 사회적 위신을 의미하기 때문에, 완전한 헌신적 태도만이 가치가 있게 되는 것이다. 개인적 성격과는 무관하다.[32]

결국 인간의 경제행위는 사회 조직의 다른 측면들과 연관시켜서만 설명할 수 있다. 한 사회의 경제현상을 설명하기 위해서는 개개인의 선택이나 선호를 연구하기보다는 그 사회에서 재화의 흐름이 어떻게 조직되는가를 연구해야 한다. 이처럼 개인이 아니라 사회제도에서 출발한다는 의미에서 한 사회의 제도적 구조가 개인의 행위에 큰 영향을 끼친다는 것이 폴라니가 이해하는 사회이론의 기초이다. 이를테면 트로브리앙 섬에서 확인되는 이타적인 경제행위와 자본주의에서의 경쟁적 이윤 추구 행위는 인간 본성이 아니라 각각의 사회 조직의 차이에 기인한다. 트로브리앙 사람들이 처해 있는 제도적 환경은 협력적 행위를 강조하는 반면, 자본주의 사회는 개개인에 의한 물질적 부의 증진을 강조한다는 것이다. 두 사회의 사람들 모두 자신이 살고 있는 사회의 제도적 구조에 의해 설정된 가치에 대해서 반응하고 있다는 점에서 양자는 동일하다.[33] 개인이 아니라 사회제도에서 출

---

32) GT, p.46.

발한다는 점에서 폴라니는 자유주의 경제이론의 방법론적 개인주의와 상반된 개념으로써 전체론적(holist) 입장을 취하고 있다.

폴라니가 인간의 행위보다 사회제도에 주목하는 이유는 무엇인가. 제도 분석은 경제활동을 포함한 인간의 행위에 비해서 사회문화적 요소의 중요성을 강조한다는 점에서 인간을 수동적인 존재로 비춰지게 할 수도 있다. 그렇지만 폴라니의 궁극적 관심사는 인간의 자유이다. 사실 그가 제도의 중요성을 강조하는 것은, 바로 제도가 인간의 자유를 전제로 하기 때문이다. 그는 제도를 '인간의 의미와 목적의 구현체'로 정의한다.[34] 제도는 단순히 인간의 행위를 규정하는 사회적인 환경일 뿐만 아니라, 인간은 상황에 대해서 의식적으로 대응하기 위해 제도를 창출한다. 인간은 제도를 통해서 자신의 의지를 실현하고, 목적을 추구하는 것이다.

방법론으로서 제도의 중요성은 자유주의 경제이론이 기반을 두고 있는 체계이론과 비교해서 더욱 두드러진다. 체계이론에서 부분의 기능은 전체의 유기체적 조화라는 측면에서만 의미를 갖는다. 마치 수요와 공급에 의한 가격기제에 의해 자기조정이 이루어지는 시장경제체제에서, 개개인의 선택 행위가 독자적인 의미를 갖는 것이 아니라 체제의 그러한 원칙 자체에 의해 규정되는 것과 같다. 이와 관련하여 폴라니는 다음과 같이 언급하고 있다.

유기체적 연속성의 도그마는 스스로 자신의 역사를 만들 수 있는 인간의 힘을 약화시킬 것이 틀림없다. 인간의 제도들이 수행하는 의도적 변화의 역할을 무시하게 되면 의지와 정신의 힘에 대한 의존이 약화될 수밖에 없다. 그것은 마치 인간이 의식할 수 없는 커다란 지혜에 대한 미신이 인간에게서 가변적인 제도들을 통해 정의, 법, 그리고 자유를 구현할 수 있는 힘에 대한 확신을 빼앗는 것과 같다.[35]

33) Daniel J. Van. Kley, "Polanyi and the Economic Method,"(Dissertation, University of Wisconsin-Madison, 1996), pp.4~5.
34) GT, p.254.

제도의 중요성은 시장사회보다 비시장사회에서 더욱 크다. 그것은 비시
장사회에서 경제활동이 단순히 이윤의 추구에 바탕을 둔 시장에서의 교환
이 아니라 복잡한 사회적 규범의 규제를 받고 있기 때문이다. 이러한 복잡
한 사회적 규범에 대한 이해가 없이는 해당 사회의 경제활동은 설명하기
힘들다. 더욱이 그러한 사회적 규범은 각각의 사회마다 매우 다양할 수밖
에 없다. 비시장사회에 대한 연구는 인간의 경제활동이 얼마나 다양할 수
있는가를 보여줄 것이다. 그와 함께 비시장적 사회들을 포함하여 인류의
경제를 어떤 보편적인 경제법칙으로 설명하려고 하는 것이 무의미하다는 것
을 보여준다. 제도 분석은 앞서 언급한 경제주의적 오류, 즉 경제를 시장형태
와 인위적으로 동일시하는 오류를 극복하는 데 기여할 수 있는 것이다.[36]

오늘날 시장경제 원리가 퇴조하면서 과거의 비시장적 경제조직을 연상
시키는 모습들이 나타나고 있다. 과거의 경제제도들은 오늘날 경제적 문제
들에 과도하게 얽매어있는 현실에 대응하는 데 도움을 줄 수 있다. 특히
사람들 사이의 통합 수준을 높임으로써 인간이 경제에 매몰되는 것이 아니
라 그것을 의식적으로 조직할 수 있게 되는 것이다. 이것은 폴라니가 주장
하는 '사회적 상상력'[37]의 회복 내지는 '창조적 적응의 자유'[38]의 확대를
의미한다. 결국 원시나 고대경제에 대한 인류학적 연구는 단순히 역사적
사실들의 발굴이 아니라 위기에 처한 시장경제의 대안을 모색하기 위한 우
리의 지평을 높여주는 데에 있다.

---

35) LM, p.liv.

36) Marguerite Mendell, "Karl Polanyi and Instituted Process of Economic Democratization," Paper for Conference Proceedings: *Polanyian Perspective on Instituted Economic Processes, Development and Transformation*, Center for Research on Innovation and Competition: University of Manchester(Oct. 23~25), 2003, p.5.

37) PAME, p.73.

38) LM, p.xliii~xlviii.

3. 경제 과정과 실체적 경제이론

1) 아리스토텔레스와 경제의 발견

경제 과정에 대한 제도 분석은 앞서 언급한 것처럼 인간의 생존을 보장하는 제도적 과정으로서 실체적 경제(substantive economy) 이론과 긴밀한 관계가 있다. 폴라니의 실체적 경제의 개념은 아리스토텔레스에서 유추되고 있다.[39] 폴라니에 의하면 아리스토텔레스는 원시사회나 고대사회의 지배적인 경제 유형으로서 호혜나 재분배에서 점차 교환적 요소(교역과 가격)가 등장하는 전환기에 살고 있었다.[40] 폴라니의 다른 용어로 설명하자면 아리스토텔레스는 경제가 사회에 결합되어 있었다가 점차 분리되어 결국 19세기에 이르러 완성되는 시장경제의 맹아기를 경험했던 것이다.[41] 따라서 그는 최근의 시장경제에서 지배하고 있는 시장편향적 사고에서 자유로운 상태에서 경제의 속성을 좀더 객관적으로 파악할 수 있었다.

그렇다면 아리스토텔레스가 이해한 경제란 무엇인가. 아리스토텔레스에 따르면 인간은 다른 동물과 마찬가지로 원래 자급자족적 존재이다. 그에 따르면, 인간의 경제는 — 시장자유주의자들이 설정하는 것과는 달리 — 인간의 무한한 욕구나 그에 따른 재화의 희소성에서 출발하지 않는다. 아리스토텔레스는 인간의 욕망이 무한하지 않으며 또한 인간의 생존을 위한 자연자원이란 희소하지 않다고 간주하였던 것이다. 인간의 무한한 욕구나 자원의 희소성에 관한 관념은 잘못된 경제제도와 삶에 대한 그릇된 이해 때문이다. 폴라니에 의하면,

---

39) TMEE, p.81.

40) 호혜, 재분배, 교환의 경제 통합 유형에 대해서는 이 책의 제3장 1절 '역사상의 경제 유형'에서 상술.

41) PAME, pp.78~82.

아리스토텔레스에게는 희소성의 문제가 발생하지 않는다. 우선 국내경제의 문제인 경제는 가계나 ― 폴리스처럼 ― 다른 '자연적' 단위들과 같은 제도들을 구성하는 개인들의 관계와 관련된다. 즉 경제에 대한 그의 개념은 생존이 보장되는 제도화된 과정을 나타낸다. 따라서 그는 인간이 무한한 욕구나 욕망을 갖는다는 잘못된 인식을 두 가지 상황 탓으로 돌릴 수 있었다. 첫째는 상인들에 의한 식량의 사재기인데, 이것은 돈벌이라고 하는 무제한의 행위를 가족이나 폴리스의 원래 제한된 요구에 결부시켰다. 둘째는 올바른 삶을 신체적 쾌락의 공리적 축적이라는 희한한 개념으로 그릇되게 해석한 것이었다. 아리스토텔레스에게 가계(oikos)와 폴리스와 같은 올바른 제도들이 존재하고, 올바른 삶에 대한 전통적인 이해가 있다면 인간경제에서 희소성의 요소가 끼어들 여지가 없었다.[42]

결국 아리스토텔레스에 의하면 한편으로 올바른 경제제도(이를테면 올바른 가격)와 다른 한편으로 삶에 대한 올바른 이해가 갖추어져 있다면, 인간의 경제에는 희소성이 발생할 여지가 없다. 다만 아리스토텔레스가 말하는 올바른 삶이란 그리스의 시민적 삶, 즉 공공의 업무, 예술활동, 축제 등 제한된 의미로 사용되었고, 나아가 생존에 필요한 생산활동은 노예에게 담당하게 하였던 시대적 한계를 벗어나지 못하였다. 하지만 아리스토텔레스가 경제를 실체적 측면에서 접근하였고, 아울러 인간의 욕구가 일정한 제도나 관습에 의해 규정된다고 보았던 것은 중요한 시사점을 주고 있다.[43]

공동체의 생존에 필요한 재화의 조달이라는 의미로서 경제에 대한 아리스토텔레스의 접근은 몇 가지 중요한 이론적 사실들을 포함한다. 그것은 무엇보다도 시장경제의 중요한 개념으로 간주되는 교역(교환), 그리고 가격(등가성)에 대한 실체적 이해와 관련된다. 이와 관련하여 폴라니는 아리스토텔레스의 입장을 다음과 같이 요약한다.

---

42) LM, pp.30~31.
43) PAME, pp.98~99; LM, pp.29~31.

상업적 교역과 가격의 형성 문제가 공동체의 존재 및 자급자족의 요구와 연계될 수 없다면, 어떤 것도 이론적으로든 실천적으로든 합리적으로 판단할 방법이 없었다. 만약 그러한 연계가 있다고 한다면 대답은 간단하였다. 즉 첫째, 자급자족의 회복에 도움이 되는 무역은 '자연과 합치되는 것이며', 그렇지 않는 무역은 '자연에 역행하는 것이다.' 둘째, 가격은 공동체의 유대를 강화시키는 것이어야 하며, 그렇지 않는다면 교환은 계속되지 않을 것이고, 공동체도 존립하지 않게 될 것이다. 어느 경우이던 매개하는 개념은 공동체의 자급자족이었다. 따라서 경제는 곡식, 기름, 술 등 공동체의 존속에 필요한 생활필수품[의 조달 — 지은이]]에 있었다.[44]

교환과 관련하여 아리스토텔레스는 그것이 가족의 확대에 따른 필요 때문에 시작되었다고 주장한다. 원래 가족 구성원들은 물자를 공동으로 소유하고 사용하였는데, 가족 구성원들의 수가 늘어나 분가하여 살지 않을 수 없게 되었다. 그 결과 기존에 사용하던 재화들이 일부의 가족 구성원에게 부족하거나 없게 되었기 때문에 이제 서로 나누어 사용해야 하였고, 여기서 교환의 필요성이 생겨났다. 요컨대 상호 간 나눔이란 물물교환의 형식을 통해서 가능하였고 거기에서 바로 교환이 발생하였다.[45] 이러한 의미에서 본다면 교환의 목적은 공동체 구성원들의 자급자족적 상태를 회복하는 것에 목적이 있고, 교환도 그 범위 내에서만 이루어져야 한다. 그와 함께 교환의 비율(가격)도 개개인의 이익이 아닌 공동체의 결속을 위한 방향에서 정해지지 않으면 안 된다. 교환은 이윤이 개입되지 않는 수준에서 미리 정해진 가격으로 이루어져야 하며, 다른 상업적 교환은 자연적 원리에 맞지 않다.

---

44) PAME, p.100.
45) PAME, pp.109~110.

2) 형식적 경제와 실체적 경제

폴라니에 의하면 인간의 경제행위와 제도를 올바로 이해하기 위해서는 '경제적(economic)'이라는 개념이 갖는 이중적 의미를 구분해야 한다. 그는 그것을 각각 '실체적(substantive)' 의미와 '형식적(formal)' 의미로 구분한다. 실체적 의미의 경제란 인간의 삶(livelihood)이 자연과 자신의 동료들에게 의존하는 상황에서, 인간의 경제적 행위는 물질적 욕구46)의 충족을 위해 이들과 벌이는 상호작용으로 이해된다. 폴라니는 인간의 삶에 대한 연구는 이러한 실체적 의미의 경제에 대한 연구여야 한다고 강조한다. 그에 반해 경제의 형식적 의미는 목적과 수단의 논리적 관계와 관련된다. 즉, 어떤 목적을 달성하기 위해서 제한된 수단을 합리적으로 사용하는 선택 상황을 의미하는 것으로서, '효율적인(economical)' 또는 '효율을 높이는(economizing)' 것을 말한다. 그러한 수단의 선택을 지배하는 법칙을 합리적 행위의 논리라고 할 수 있는데, 그것은 형식적 경제학의 관심 대상이다. 경제적 합리성이나 효율성은 희소한 수단들의 대안적 용도들 사이의 선택을 가리키는 반면, 실체적 의미의 경제는 선택이나 희소성을 내포하지 않는다. 따라서 경제가 갖는 형식적 의미와 실체적 의미는 전혀 별개이다.47)

그런데도 지난 2세기 동안 유럽과 북아메리카에서 형성된 시장경제라는 특이한 경제 유형에서는 경제에 대한 두 의미가 서로 혼합되어 있다. 좀더 정확하게 말한다면, 실체적 의미의 경제는 은폐되고 형식적 의미의 경제만이 관심의 대상이 되고 있다. 19세기 말 칼 멩거(Carl Menger)48)와 마샬

---

46) 여기서 물질적 욕구는 단순히 생물학적 욕구에 국한되지 않는다. 거기에는 이를테면 인간의 사회생활에 필요한 교육, 군대, 종교 등과 같은 목적에 필요한 물질적 요구도 포함된다(LM, p.20).

47) LM, pp.19~20.

48) 칼 멩거(1840~1921): 오스트리아 경제학자, 오스트리아 경제학파의 창시자. 경험적 연구를 통해서 한계효용 이론을 제시함. 가격과 분배와 같은 경제현상을 사회적 가치의 측면에서 설명하려고 함.

(Alfred Marshall)[49] 등 한계효용학파의 이론적 작업을 거쳐 오늘날 신고전학파를 중심으로, 경제학의 합당한 관심은 부족한 재화의 합리적 배분이라는 명제가 관철되고 있다. 경제학의 대상은 희소한 재화의 최적 배분이며, 그것은 바로 시장제도가 작동하는 기본 원리라는 것이다. 시장경제에서 거래행위는 재화의 희소성에 기인하는 선택을 내포하기 때문에, 그것은 앞에서 언급한 형식적 의미에 바탕을 두지 않을 수 없다. 경제가 이러한 가격 형성 체제에 의해 통제되는 한, 경제의 형식적 의미와 실체적 의미는 일치하게 된다.

희소성과 경제적 합리성에 바탕을 둔 형식적 의미의 경제가 학문적으로 뿐만 아니라 실질적으로 독점적인 지위를 획득함에 따라 경제학은 이제 이론적 분석에 치중하게 되었다. 그와 함께 경제제도, 원시경제, 경제사, 경제인류학 등 여타 실체적 의미의 경제에 대한 연구의 요구나 필요성도 사라지게 되었다. 경제 분석자들은 은연중에 경제학의 올바른 주제가 인간의 물질적 욕구의 충족이 아니라 희소한 수단의 합리적 선택이라고 간주하게 된 것이다. 복합적 개념으로서 경제에서는 이제 실체적 요소는 사상되고, 선택과 희소성이라는 형식적 요소들만 의미를 갖는다. 결국 경제학은 선택의 과학이 되고, 대개 희소성의 제약하에서 이익의 극대화에 대한 연역적 탐구에 관심을 갖게 된다.[50]

이러한 시각에서 본다면, 구체적인 제도와 상관없이 모든 경제는 항상 불충분한 수단들의 상이한 용도들 가운데 선택행위를 요구하는 상황과 관련되고, 희소성과 같은 형식적 개념으로 기술할 수 있게 된다. 그렇지만 폴라니에 의하면 인간의 경제적 삶은 선택을 필요로 할 수도 있고 필요로 하지 않을 수도 있다. 관습·전통에 의해 선택 자체가 불필요할 때가 있고, 선

---

49) 마샬(1842~1924): 영국의 경제학자. 고전경제학 이론을 체계화하고 새로운 분석을 더하여 신고전학파의 기초를 다짐. 비용, 가치, 분배 등에 관한 이론에 연구하고 한계효용 개념을 발전시킴.

50) J. Ron Stanfield, *The Economic Thought of Karl Polanyi: Lives and Livelihood*(New York: St. Martin's Press, 1986), p.33.

택을 한다고 할 경우에도 재화의 희소성 때문에 제약을 받을 필요가 없는
것이다. 이를테면 생활의 가장 중요한 자연적·사회적 조건들 가운데 공기
와 물 또는 자녀에 대한 어머니의 사랑과 같은 조건들은 희소성에 의해 제
약을 받지 않는다.51) 인류 역사에는 시장경제와는 다른 수많은 경제제도들
이 존재해 왔다. 시장경제만을 위해 고안된 분석방법으로 인간의 삶과 관
련된 보편적인 문제들은 공략할 수 없다. 그에 대한 대안으로서 폴라니가
제시하는 것이 바로 실체적 경제라는 개념이다.

실체적 경제는 사용을 위한 생산이 이루어지는 경제이며, 이것은 이윤
(교환)을 위한 생산과 별개의 개념이다. 실체적 경제는 인간의 물질적 욕구
를 충족시키는 — 인간과 자연, 그리고 인간과 인간 사이에 벌어지는 — 상호작
용의 제도화된 과정을 의미하며, 그것은 모든 인간 공동체의 중요한 일부
이다. 실체적 경제가 없이는 사회가 존재할 수 없다.52) 폴라니에 의하면
경제의 실체적 의미만이 인류가 이제까지 경험해 온 모든 경제체들에 대한
사회과학적 연구에 필요한 개념들을 제공할 수 있다.53) 시장경제나 비시장
경제 사회 모두에 적용되는 — 생존에 필요한 물질적 생산의 의미로서 — 경제
영역의 의미, 범위, 그리고 내용을 정의하는 것이 그의 중요한 과제였다.
그것은 시장편향적 선입견에서 자유로운 경제에 대한 일반이론을 정립하
는 것이다.

3) 제도화된 과정으로서의 경제

실체적 경제가 욕구의 충족을 위한 물질적 수단의 지속적인 조달 과정이
제도화되어 있는 상황이라고 한다면, 경제 과정(process)과 그것의 제도화
(institutedness) 개념이 중요한 의미를 갖게 된다. 먼저 경제 과정은 재화와

---

51) LM, p.27.

52) LM, p.31.

53) TMEE, pp.244~245.

서비스의 이동과 관련된다. 폴라니는 물질적 생산 과정을 크게 두 가지로 구분한다. 첫째는 공간적(locational)·물리적 이동으로서 그것은 운송과 생산을 통해 이루어진다. 둘째는 소유권적(appropriational) 이동으로서 주로 거래나 처분을 통해 이루어진다. 물론 양자는 동시에 이루어질 수도 있다. 물질적 요소들의 공간적 이동은 유통과 더불어 생산을 포함한다. 왜냐하면 생산에는 요소들의 공간적 이동이 기본적이기 때문이다. 생산의 결과 재화는 소비자의 입장에서 그 유용성의 차이에 따라 저급의 재화가 되거나 고급의 재화가 된다. 욕구를 직접 충족시킬 수 있는 것과 간접적으로만 충족시킬 수 있는지 여부에 따라 소비재와 생산재로 구분되기도 한다. 이러한 의미에서 물질적 요소들의 공간적 이동을 의미하는 생산은 실체적 경제의 핵심을 이룬다.

한편 재화와 서비스의 소유권적 이동은 재화의 순환과 관리를 결정한다. 그것은 우선 거래와 처분으로 이루어지고, 관습이나 법의 힘에 의해 일정한 소유권적 효능이 부가된다. 소유권은 인간들 사이의 관계로서 여기에서 비로소 경제 과정이 사회적 의미를 갖게 된다. 그것은 소유권의 이동이 경제 과정에서 규칙적인 투입물과 산출물을 획득하고 처분하는 권리와 책임을 둘러싼 인간들 사이의 관계를 규정하기 때문이다. 소유권의 사회적 조직 양식은 하나의 사회체제로서 경제를 파악하는 데에 매우 중요하다. 소유권의 사회적 조직 양식에 의해 인간들 사이의 경제적 관계와 사회 내에서 경제의 위치를 규정하는 제도적 맥락(institutional matrix)이 마련된다. 소유권의 사회적 조직 양식에 의해 경제 과정에서 재화와 인간의 운동을 설정하는 권리와 의무의 사회적 기반이 주어지는 것이다.

그런데 개개인의 경제행위에서 그 동기를 결정하는 일정한 사회적 조건들이 포함되지 않고서는 경제 과정의 통일성과 안정성을 보장할 수 있는 재화와 서비스의 이동은 지탱되지 않는다. 일정한 사회적 조건들이 없을 경우 개별적인 경제요소들은 어떤 내적인 응집력이나 구조를 갖지 못한다.

<그림 2-1> 실체적 경제의 구조

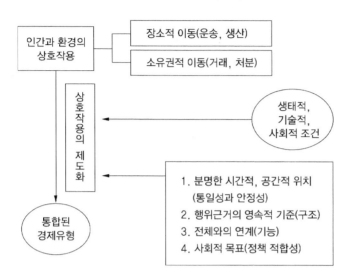

경제의 사회제도적 측면이 매우 중요한 것은 이러한 이유에서이다. 경제 과정의 제도화는 그 과정에 통일성과 안정성을 부여하고, 일정한 기능을 가진 구조를 형성해 준다. 제도는 한 사회 내에서 경제 과정의 위치를 설정하고, 따라서 그것의 역사에 의미를 부여한다. 또한 제도는 가치, 동기, 그리고 정책에 관심을 집중시킨다. 결국 인간의 경제는 제도화된 경제 과정이라고 할 수 있다. 인간의 경제는 경제적, 그리고 — 마찬가지로 중요하게 — 비경제적 제도들에 묻혀있다.54) <그림 2-1>은 이러한 제도화 과정을 요약적으로 나타낸 것이다.55)

사회에서 경제가 차지하는 위치가 변해온 역사에 대한 연구는 경제적 과정이 시간과 장소에 따라 어떻게 다른 방식으로 제도화되어 있는가에 대한 연구일 뿐이다. 제도가 없다면, 이를테면, 농사일이나 자동차 생산라인에서 일어나는 일이란 마치 톱질과 같이 인간과 사물 사이의 반복적 운동에 불

---

54) TMEE, pp.249~250.
55) LM, pp.31~34에 근거하여 작성됨.

과하다. 그렇지만 제도적 관점에서 본다면 그것은 노동, 자본, 조합, 게으름, 가속화, 위험 분산, 그리고 다른 여러 가지 사회적 맥락 등의 용어들로 설명될 수 있다. 마찬가지로 자본주의와 사회주의의 선택은 생산 과정에서 현대기술을 어떻게 제도화할 것인가의 차이를 말한다. 저발전 국가들의 산업화는 한편으로 기술 선택의 문제이지만 동시에 그것의 제도화에 관한 문제이기도 하다.

결국 폴라니에 의하면 모든 경제 과정이 경제외적(사회적) 요소와 제도적으로 결합되어 있다. 제도적 결합은 단순히 소유권적 관계에 멈추지 않고 생산, 분배, 소비 전반에 걸쳐 이루어지는 것이다. 즉 제도화는 경제체제 전반과 관련된다. 제3장에서 설명하는 것처럼, 그러한 제도화의 방식에 따라 폴라니는 인간의 역사에서 발견되는 ─ 그가 경제 통합 유형이라고 부르는 ─ 경제체제들에 대한 비교연구를 위한 체계를 수립하려고 하였다.

제3장

역사상의 경제 유형과 경제제도

1. 역사상의 경제 유형

1) 경제 통합 유형의 분류

앞서 살펴본 것처럼 주류 경제학은 시장을 인류 역사에서 거의 보편적인 제도인 것처럼 간주한다. 폴라니의 경제사나 경제인류학 연구는 그러한 오류를 수정하기 위한 것이기도 하다. 그렇다면 시장경제의 개념이나 분석 틀이 아닌 다른 방식으로 분류하여 설명할 수 있는 방법은 무엇인가. 폴라니는 인류 역사에서 발견되는 경제활동의 사회적 조직 양식과 관련하여 몇 가지 일반 유형을 확인하고, 그것을 '통합 유형(forms of integration)'이라는 개념으로 제시하였다. 통합 유형은 경제, 즉 생산자원과 욕구 충족의 물질적 수단을 획득하고 처분하는 데에서 인간들 사이에 확인되는 전형적인 관계 유형을 의미한다. 통합 유형은 좁은 의미에서 경제체제와 비교적 유사한 개념인 셈이다.

경제를 경험적으로 분류하는 방식들 가운데, 사회 전체에서 경제가 차지하는 위치에서 생겨나는 중요한 이슈들에 대한 편견을 피할 수 있는 방법이 선호되어야 한다. 중요한 이슈들이란 사회 전체의 정치적·문화적 영역에 대한 경제 과정의 관계와 관련된다. 이러한 이슈들에 대한 편견을 피하기 위해서 이 책에서는 각각의 경제에서 지배적인 통합 유형에 따라 경제를 분류하도록 제안하려고 한다. 경제 과정에서 존재하는 통합의 수준은 공간, 시간, 그리고 직업적 차이를 극복하는 재화나 인간의 이동이 상호의존성을 갖기 위해서 제도화되는 정도에 의해 결정된다. 이를테면 씨뿌리기와 거두기의 지역적 차이와 시간적 간극 또는 노동의 전문화는 각각 곡물, 제품, 그리고 노동을 이동하여 효과적으로 분배함으로써 극복된다. 따라서 통합 유형이란 — 물질적 자원과 노동에서부터 재화의 운송, 저장, 그리고 분배에 이르기까지 — 경제 과정의 요소들이 제도화된 이동을 통해 상호연계성을 갖는 것을 나타낸다.1)

이러한 기준에 입각하여 폴라니는 경제 통합 유형을 크게 호혜(reciprocity), 재분배(redistribution), 그리고 교환(exchange)으로 분류하였다.2) 호혜란 일정한 사회적 관계가 있는 사람들 사이에 일종의 사회적 의무로써 재화와 서비스를 주고받는 형식으로 물질적 욕구가 충족되는 형태이다. 재분배는 자원에 대한 중앙집중적 관리와 그에 따른 재분배가 이루어지는 방식이다. 마지막으로 교환은 시장에서 상품을 통해 교환하는 방식이다. 각각의 유형에 있어서는 생산에서 소비에 이르는 경제 과정에서 인간들 사이의 권리와 의무를 규정하는 제도적 장치가 서로 다르다.

통합 유형의 구분은 특히 경제 과정이 사회의 정치적·문화적 영역과 서로 연계되는 방식의 차이를 반영한다. 이와 관련하여 폴라니가 '지지구조(supportive structures)'라고 부르는 사회 조직 원리가 중요한 출발이 된다.

1) LM, p.35.
2) 『대전환』에는 통합 유형의 하나로서 가계(householding)가 있으나, 『초기 제국의 교역과 시장』에서는 별도로 분류되지 않고 있다. 추측건대 그 이유는 가계는 사용을 위한 생산이 이루어진다는 의미에서 실체적 경제로서 호혜나 재분배의 통합 유형의 일부로 간주될 수 있기 때문이다.

<표 3-1> 경제 통합 유형의 분류

통합 유형	사회적 지지구조	개인의 행위 원리	경제활동 목적	역사적 사례
호혜 (reciprocity)	대칭성 (symmetry)	상호의존 (mutuality)	관습과 법, 주술과 종교	트로브리앙
재분배 (redistribution)	중심성 (centricity)	나눔 (sharing)		이집트, 페루, 인도, 중국, 로마
교환 (exchange)	시장형태 (market pattern)	교환 (barter)	이윤 (gain)	19세기 이후 서유럽

이를테면 호혜의 통합 유형은 평등주의적 사회 조직 원리라고 할 수 있는 소위 대칭적 사회구조가 전제되지 않으면 안 된다. 마찬가지로 재분배와 교환의 통합 유형은 각각 중앙집중적 관료체계와 시장형태로 뒷받침된다. 개개인의 경제적 동기나 행위도 자연적으로 이루어지는 것이 아니라 역사적으로 주어진 사회적 관계와 긴밀한 연관성을 가질 수밖에 없다. 특히 호혜와 재분배의 통합 유형에서 경제활동의 목적은 개개인의 이익이 아니라 사회적 관습과 법을 실행하는 것이고, 마찬가지로 경제행위의 원리도 교환이 아니라 상호의존과 나눔이 지배적이다. 결국 경제 과정은 사회적 관계에 종속되어 있는데, 사회적 관계는 이러한 경제 과정에 통일성과 안정성을 부여하게 된다(<표 3-1>).[3] 아래에서는 각각의 통합 유형에 대해서 상술한다.

2) 3가지 통합 유형

(1) 호혜
첫 번째 통합 유형은 호혜이다. 한 사회가 소집단으로 나뉘고 각자 자신의 소속을 알고 있는 상태에서 호혜적 경제관계가 가능하다. 이를테면 두 개의 소집단으로 나뉘었을 때, A 집단의 구성원은 B 집단의 구성원과 1

---

3) PAME, pp.306~307.

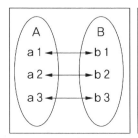 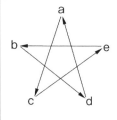 

대 1의 호혜적 관계를 형성할 수 있을 것이다(<그림 3-1>). 대칭적 관계는 2개 집단 간에서만 형성되는 것은 아니며, 3개 이상의 집단들이 2개 이상의 축을 중심으로 대칭을 형성할 수도 있다. 또한 소집단의 구성원들도 1대 1의 쌍방 관계를 맺을 필요는 없으며, 제3집단의 해당 구성원과 유사한 호혜적 관계를 가질 수 있다(<그림 3-2>). 예를 들어, 말리노프스키(Bronislaw Malinowski)[4]가 밝혀낸 것처럼 트로브리앙 섬에서는 결혼한 여성과 그 자녀에 대한 부양의 의무를 모계 쪽의 친척이 책임진다. 즉 남자가 여자 형제의 가족에게 자신이 수확한 식량을 제공하는데, 그렇다고 반대급부로 직접 물질적 이익을 얻는 것은 아니다. 그의 선행은 자신의 명예로 간주되고 나아가 자신의 부인과 자녀에게 혜택을 가져온다. 다만 이 혜택은 자신이 도와준 여자 형제의 남편이 아니라 제3자인 자기 부인의 남자 형제에게서 받는다.[5]

호혜에 바탕을 둔 통합 유형의 또 다른 예로서 폴라니는 트로브리앙 섬을 포함한 서멜라네시아의 쿨라 군도에서 행해져 온 소위 쿨라 교역을 예로 들고 있다. 쿨라 교역에서 주민들은 매년 다양한 형태의 귀중품인 목걸

---

4) 말리노프스키(1884~1942): 폴란드 출생의 인류학자, 기능주의 인류학의 창시자. 기능주의란 종교, 의식, 풍습, 제도, 신앙, 도덕 등 한 사회의 각 구성요소들이 서로 긴밀한 연관성을 가지며 따라서 균형 잡힌 체제를 형성한다는 것. 그는 또한 1915년에서 1918까지 뉴기니 동북쪽에 있는 트로브리앙 섬에서 직접 조사를 하여, 오늘날 인류학의 기초라 할 수 있는 필드워크 방법을 확립함.

5) GT, pp.47~48.

<그림 3-4> 쿨라 교역의 루트

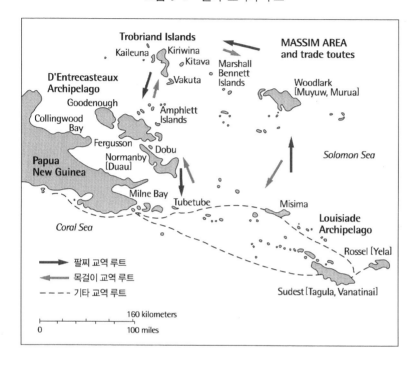

이와 팔찌를 갖고 카누나— 오늘날에는 주로— 모터보트를 타고 원정을
한다. 원정 교역에는 엄격한 규칙이 있다. 목걸이는 시계 방향의 원정에서,
팔찌는 시계 반대 방향의 원정에서 각 부족 내— 대개 각기 정해진— 상대
방에게 선물로 제공된다. 시간적인 차이를 두고 이루어지는 답방에서는 각
각 다른 것, 즉 목걸이 선물에 대해서는 팔찌로, 팔찌 선물에 대해서는 목
걸이로 답례한다. 이로써 보통 10년 정도 지나게 되면 각각의 목걸이와 팔
찌들은 여러 사람의 손을 거쳐 동그란 모양의 군도를 반대 방향으로 한 바
퀴 돌게 된다(<그림 3-3>, <그림 3-4>). 이 귀중품들은 가보로 간주되고,
넘겨준 사람들의 이름이 새겨져 있어 그것들이 이동한 역사를 알 수 있다.
수주일 동안 계속되기도 하는 원정은 부족장의 지원과 지도를 받아 집단적으로 이루어진다. 바닷가에서 상대방 부족과 함께 거행하는 교역 의식도 매우 세심하게 조직되는데, 참가자들은 정교하게 장식을 한 좋은 옷과 장식품을 달고 참가한다.[6] 쿨라 교역은 어떤 이익을 보려고 하는 것은 아니다. 쿨라 교역의 목적은 개인적으로는 거기에 성공적으로 참가하는 것에서 자신의 권위를 과시할 수 있고, 부족들 사이에는 우호적인 관계를 유지·확인하는 것이다.

호혜적 관계는 가족, 종족, 도시국가와 같은 영속적인 공동체뿐만 아니라, 군대·직업·종교 등 일시적인 조직들 내에서도 구성원들 사이에 대칭적 집단이 형성됨으로써 가능해질 수 있다. 또한 통합 유형으로서 호혜는 재분배와 교환과 같은 다른 방식들을 부수적으로 이용함으로써 더 효과적일 수 있다. 이를테면 일정한 재분배의 규칙에 따라 노동을 분담하거나 생산물을 차례로 취하는 방식을 예로 들 수 있다. 마찬가지로 일시적으로 어떤 생필품이 없는 상대방에게 정해진 등가물로 교환하는 행위도 호혜적 관계를 형성할 수 있다.[7] 이때 대칭성에 입각한 사회구조와 더불어 서로 간의 호의, 그리고 그것을 뒷받침해 줄 수 있는 제도가 있어야 한다. 폴라니가 예로 드는 것처럼 호혜는 다호메이의 독페(dokpwe)라고 하는 ― 민간영역에서 존재하는 ― 협력적 노동제도의 기초 원리였다.

다호메이에서 노동을 배분하는 주요 제도는 독페였다. 일정한 유형의 호혜적 노동팀들로 조직된 독페는 강력한 지원구조의 일부를 형성하였다. 그리고 그것은 다른 제도들 가운데 무엇보다도 소(so)라고 하는 수공업 조직과 그베(gbe)라고 하는 제도로 구성되었다. 그베는 주로 재화를 통한 상호지원을, 소는 주로 노동력의 제공을 통한 상호지원을 담당하였다.[8]

---

6) GT, p.50.
7) TMEE, p.253, LM, p.38~39.
8) DST, pp.61~62.

<그림 3-5> 재분배의 예

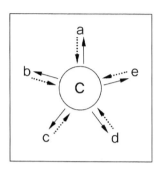

(2) 재분배

재분배는 재화가 중앙에 집중되었다가 다시 배분되는 상황을 의미한다 (<그림 3-5>). 인류 문명에서 재분배는 노동의 분업에 의존할 수밖에 없는 원시시대의 수렵부족에서 고대 이집트, 바빌로니아, 페루, 인도, 중국 등 고대의 대제국에 이르기까지 광범위하게 존재하였다.[9] 고대의 대규모 왕국들은 기본적으로 재분배의 원리에 기반을 두고 있었다. 재분배는 토양과 기후의 차이, 수확과 소비 사이의 시간적 간극 때문에 필요하였다. 수렵사회에서는 재분배 과정이 없다면 집단은 해체되고 말았을 것이다. 또한 고대 국가들의 관료적·중앙집중적 전제주의의 기반은 바로 이러한 재분배의 경제 유형이었다. 이들은 거대한 저장체제를 갖추고 생산자들의 생산물을 수용하였고, 지방에서 소비되지 않는 것은 중앙으로 집중되었다. 식량뿐만 아니라 옷감, 공예품, 화장품, 은제품, 술 등 수많은 물건들의 집중과 소비는 매우 세밀한 등급과 기록에 바탕을 두고 이루어졌다. 또한 현대의 복지국가와 같은 사회적 이념의 구현을 위해서도 구매력의 재분배는 필요하다.

재분배의 통합 유형에서 화폐와 같은 교환 수단이 없었던 것은 결코 아니다. 실제 모든 고대 국가들은 조세나 급여 지급을 위해서 금속화폐를 사

---

9) 재분배 사회에 대한 사례로서 폴라니는 18세기 서아프리카 왕국인 다오메이(Dahomey) 왕국에 대한 인류학적 연구결과를 비교적 자세하게 소개하고 있다. 특히 DST, Chapter III, "Redistribution: The State Sphere" 참조.

용하였다. 그러나 그 이외에는 곡식이나 물품에 대한 다양한 형식의 실물 배분이 주를 이루었다. 관료, 군대, 유한계급 등 생산에 종사하지 않는 집단을 위한 물품들은 대규모 저장창고에서 직접 배분되었다. 재분배의 단위는 사회 전체뿐만 아니라 가족이나 장원과 같은 소집단 내부에서도 가능하다. 다만 가족이 경제적으로 일정한 제도적 기반을 갖추기 이전에 호혜나 재분배적 방식은 가족보다는 더 큰 규모에서 이루어졌다. 물자의 수집, 저장, 분배는 족장, 사원, 봉건귀족, 전제군주를 중심으로 하여 피지배자들과의 다양한 권력관계에 따라 상이한 방식과 범위에서 이루어졌던 것이다. 그 결과 호혜와 마찬가지로 재분배의 통합 유형에서도 경제는 사회적 관계에 결합되어 있었다.10) 재분배는 고대사회로서 다호메이의 국가영역에서 매우 선명하게 드러난다.

군주제는 국가영역의 중심적 제도였다. 그것은 신에 의해 주어진 것으로 받아들여졌다. 왕은 국민과 신성화된 조상들 사이의 중개자이자 인민의 생활에 대한 보호자였다. 그리하여 왕은 다호메이 경제에 중심적인 역할을 담당하였다. 그는 매년 경제상황을 점검하였고, 미래를 위한 계획을 수립하였으며, 국민들이 식량을 구입하도록 최소한의 별조개를 분배하였다. 그는 또한 일정한 등가물의 기준을 정하였고, 선물을 받아 나누어주었으며, 통행세·조세·조공을 부과하였다.11)

(3) 교환

교환이란 그 결과에서 발생하는 이익을 얻으려는 사람들 사이에 이루어지는 재화의 무차별적 쌍방향 이동을 의미한다(<그림 3-6>).12) 교환이 통합 유형으로 기능하기 위해서는, 마치 호혜와 재분배가 각각 대칭성과 중심성이라고 하는 사회적 지지구조를 전제로 하는 것처럼, 가격형성 시장체

10) GT, pp.51~52, TMEE, p.254.
11) DST, p.33.
12) LM, p.42.

<그림 3-6> 교환의 예

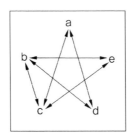

제의 지원을 필요로 한다. 교환은 크게 세 가지 종류의 개념으로 구분될
수 있는데, 그것은 단순한 장소적 교환과 사회적 의미를 갖는 소유권적 이
동으로 구분되고, 후자는 다시 정해진 가격에 의한 교환과 협의된 가격에
의한 교환으로 구분될 수 있다. 그런데 정해진 가격에 의한 교환은 가격을
정하는 요소들에 의해 통합된 것이지 시장경제에 의해 통합된 것은 아니
다. 이때 시장은 가격을 형성하는 시장체제가 아니라 단순히 교환이 이루
어지는 고립된 공간으로서만 존재할 뿐이다. 이러한 방식의 교환은 통합적
인 형태가 아니라 호혜, 재분배 등에 대해서 종속적인 형태로 존재한다.[13]
폴라니가 연구한 다호메이 사회에서 시장이 바로 그러한 예에 속한다.

　다호메이에서 시장은 가격형성 시장으로 기능하지 않았다. 시장에서는 (대개
이미 요리된) 식량과 일부 수공업 제품이 정해진 가격으로 소매로 매매되었다.
시장에서는 철저하게 화폐가 사용되었다. 다시 말해 화폐의 사용이 의무적이었
던 것이다. 물물교환은 허용되지 않았다. 재화는 돈을 받고 팔아야만 했고, 화
폐는 구매를 위해 사용되었다. 신용이나 도매는 없었지만 판매자에게는 고정
가격으로 적절하게 안정된 보상이 보장되었다. 고정가격은 간헐적으로 고정비
율을 바꾸는 생산자 조직에 의해 다양한 방식으로 제시되었다. 지역시장들 사
이의 가격 차이가 있다고 하더라도 시장들 사이에 재화의 이동을 야기하지 않
았다. 따라서 다른 시장으로 옮겨갈지도 모를 신용이나 채무는 존재하지 않았

---

13) TMEE, pp.254~255.

고, 상이한 시장들 사이의 투기를 통한 이윤의 실현도 불가능하였다. 결국 시
장체제와 같은 방식은 출현할 수 없었다.[14]

한편 협의에 의해 가격 결정이 이루어지는 교환에서는 흥정이 발생하게
된다. 그것은 거래 당사자들이 각자에게 유리한 가격을 형성하려고 하기
때문이다. 그런데 유동적인 가격에 의한 교환과 그것이 지향하는 이윤 추
구는 당사자 간에 서로 적대적인 관계를 수반할 수밖에 없다. 그렇다면 구
성원들 사이의 연대를 보존하려는 공동체는 식량과 같이 자신의 존립에 중
요하고, 따라서 긴장감을 조성할 수도 있는 물자들을 둘러싸고 적대적인
관계가 나타나게 할 수 없었을 것이다. 이러한 이유에서 원시공동체와 고
대사회에서 식량과 식료품에 대해서는 이익지향적 성격을 갖는 교환이 일
반적으로 금지되었다.[15]

다호메이의 사례는 호혜나 재분배의 경제행위 원리가 한 사회에 지배적
이지는 않으면서도 나타날 수 있는 것처럼, 교환 원리도 다른 원리들에 종
속되어 존재할 수 있다는 것을 보여준다. 그렇지만 교환 원리는 엄밀한 의
미에서 다른 나머지 두 가지 원리와 병립할 수 없는 측면이 있다. 그것은
교환의 원리와 연관된 시장 유형은 대칭성이나 집중성보다는 더 구체적이
기 때문이다. 대칭성과 집중성과 같은 사회 조직 원리는 기존의 사회제도
에 일정한 유형을 더하는 사회학적 조직 속성에 불과하며, 특정한 기능만
을 위한 경제제도들을 창출하는 것은 아니다. 즉 어떤 종족이나 마을이 대
칭적인 유형을 갖고 있는지 그렇지 않은지는 일정한 (경제)제도의 존재와는
무관하다. 집중성의 경우에도 종종 별도의 제도들을 창출하기는 하지만,
특정한 기능을 담당하는 경제제도를 선택할 어떤 동기를 내포하고 있는 것
은 아니다. 이를테면 마을의 족장이나 중앙의 관료는 정치, 군사, 종교, 경
제 등 다양한 기능들을 무차별적으로 담당할 수도 있는 것이다.[16]

---

14) DST, p.81.
15) TMEE, p.255.

그에 반해 교환이라는 특정한 동기와 관련된 사회 조직으로서 시장형태
는 구체적인 경제제도, 즉 시장을 창출할 수 있다. 그것은 교환행위가 효과
적으로 이루어지기 위해서는 사회적 관계를 벗어나 오로지 수요와 공급에
의한 가격형성을 매개하는 시장이라는 제도가 있어야 하기 때문이다. 통합
유형으로서 교환에 참가하는 당사자들 사이에는 어떤 사회적 관계가 설정
되어 있지 않으며 그저 경제적 이익이라는 단일한 동기만이 작용할 뿐이
다. 그러한 이유에서 시장에 의한 경제체제의 통제는 사회 전체의 조직에
결정적인 결과를 수반한다. 그것은 바로 사회가 시장의 부속물이 되는 것
을 의미한다. 경제가 사회적 관계에서 벗어날 뿐만 아니라 사회적 관계 자
체가 경제에 묻히게 되는 것이다.17) 이러한 의미에서 고립된 시장이 시장
경제로 전환되고, 통제된 시장이 자기조정적 시장으로 전환되는 것은 인류
의 역사에서 중대한 일이다. 그렇다고 자유주의자들이 주장하는 것처럼 이
러한 과정이 시장의 자연스런 확대의 결과는 결코 아니다. 아래에서 자세히
살펴보는 것처럼 그것은 고도의 인위적인 제도 형성과 합리화의 결과였다.18)

3) 통합 유형의 역사적 존재

통합 유형의 차이는 무엇보다도 토지와 노동력이 배분되는 방식과 관련
된다. 원시사회는 토지와 노동이 혈연적 유대에 의해 경제에 통합되었다.
봉건사회에서는 영주와 신하의 충성 관계에 의해 토지와 노동력의 배분이
이루어졌다. 수리사업에 기반을 둔 제국들에서 토지와 거기에 딸린 노동력
은 주로 사원이나 궁정에 의해 분배 또는 재분배되었다. 경제에서 지배적
인 힘으로서의 시장의 등장은 토지와 식량이 교환을 통해 유통되고, 노동
력이 시장에서 구매되는 상품으로 전환되는 것과 관련된다. 폴라니의 주장

---

16) GT, p.56.
17) GT, p.57.
18) 이 책의 제4장 '시장경제의 기원과 전개'에서 상술.

<표 3-2> 통합 유형의 역사적 존재

경제 통합 유형 사회 유형	호혜	재분배	교환
종족·원시 사회	●	◎	○
고대·봉건 사회	◎	●	○
근대·시장 사회	○	◎	●

● 지배적 기능; ◎ 중요한 기능; ○ 부분적 기능[22]

에 따르면 노동의 위상에 근거하여 노예, 농노, 임노동으로 구분한 마르크
시즘은 불충분하며, 토지 개념도 고려되어야 한다.[19]

물론 이러한 통합 유형들은 발전 단계나 시간적인 순서를 의미하는 것은
아니다. 하나의 지배적인 형태와 더불어 다른 종속적인 형태들이 병존할
수도 있다(<표 3-2>).[20] 교환은 이전 인류 역사에서 제한적으로나마 일정
한 역할을 담당하였다. 다만 교환 과정에서 가격이 시장이 아니라 미리 고
정되거나 아니면 다른 행정적 방식으로 통제될 경우에 교환은 통합 유형이
될 수 없다. 통합 유형으로서 교환은 경쟁적 시장의 자기조정적 체제에서
만 가능하며 역사적으로는 유럽에서 19세기에 나타났다. 재분배는 고대사
회의 중요한 통합 유형이 되지만 그 이전 원시종족들의 사냥과 채집에서도
실시되었고, 산업사회의 계획경제체제에서 반복되었다. 원시사회의 지배적
인 통합 유형이었던 호혜는 제한적이기는 하지만 재분배적 성격의 고대 제
국들에서도 중요한 특징으로 나타난다. 그 이후 그것은 현대 사회에서 이
를테면 자선이나 증여와 같은 형태로 계속 존재해 왔다.[21] 이러한 의미에
서 본다면 앞의 3가지 통합 유형은 일종의 이념형(ideal type)에 해당하며,
실재 각각의 유형들은 복합적으로 존재하고 있다. 서아프리카의 다호메이
와 관련하여 폴라니는 다음과 같이 통합 유형들의 혼재를 언급하고 있다.

---

19) LM, p.43.
20) LM, p.42, TMEE, p.256.
21) PAME, pp.307~309.

다호메이 경제는 재분배적 관리와 지역적 자율성 사이의 균형에 바탕을 두었다. 그리고 그 자율성은 — 지역시장에 의해 보완되는 — 호혜에 입각한 제도들과 가계와 관련된 제도들의 망(網)에 의해 매개되었다. 계획된 농업은 마을의 자율성과 결합되었고, 정부에 의한 대외무역은 지역시장과 공존하였으며, 그러면서도 시장체제를 회피하였다. 이 고대사회는 법의 지배 위에 세워진 견고한 구조를 갖고 있었고, 그것은 시장체제와 거리가 먼 화폐의 기능에 의해 더 강화되었다.[23]

그렇다면 폴라니가 앞의 세 가지 통합 유형을 구분하는 것의 의의는 어디에 있는 것인가. 그의 제자 달톤(G. Dalton)에 의하면, 통합 유형을 통해 오늘날 경제체제의 중요한 측면들을 인류학자들이나 역사가들이 연구한 경제체제들과 좀더 직접적이고 객관적으로 비교하고 그에 따라 공통점과 차이점을 체계적으로 파악할 수 있다. 다시 말해서 통합 유형은 인류의 역사에서 존재해 온 각종 형태의 경제체제들을 우리가 살고 있는 시장경제의 이론적 틀로 보지 않고, 좀더 객관적인 기준을 가지고 그것들의 구조적 특징들을 분석할 수 있게 해준다. 그에 의하면,

호혜, 재분배와 시장교환 등 폴라니의 범주들, 그리고 각종 화폐, 시장과 외국무역에 대한 그의 분석적 구분은 인류학자들과 역사학자들이 연구하는 경제들과 우리 시대 경제의 중요한 측면들이 직접 비교될 수 있도록 우리 시대 경제를 서술할 수 있게 해준다. 그리하여 우리 시대 경제를 기준으로 하여 유사점과 차이점에 대한 체계적인 비교가 가능해진다. 그뿐만 아니라 그가 제시한 범주들과 분석적 구분은 원시경제의 구조적 특징들을 우리 시대의 경제를 위해 고안된 이론적 틀을 통해서 이해하는 것이 아니라 [그 자체로서 — 지은이] 분석하는 것을 가능하게 해준다.[24]

22) LM, pp.42~43.
23) DST, p.xx.
24) George Dalton, "Introduction," Karl Polanyi. *Primitive, Archaic, and Modern Economies: Essays of Karl Polanyi*, p.xxxvi.

2. 역사상의 경제제도

1) 보편적인 경제 개념의 요구

통합 유형과 더불어 폴라니는 인간경제의 주요 구성요소로서 교역, 화폐, 시장 등 제도들에 대한 설명을 시도한다. 각각의 개념이 갖는 역사적 존재방식에 대한 규명을 통해 시장중심적 접근 방법의 오류를 보여줄 수 있다. 시장중심적 접근에서는 필연적으로 시장이 교환의 장(場)으로, 교역은 실질적인 (등가)교환으로, 화폐는 교환의 수단으로 간주된다. 다시 말해 교역이 가격에 의해 지도되고, 가격(형성)은 시장의 기능이기 때문에 모든 교역은 시장교역이고 마찬가지로 모든 화폐는 교환화폐일 뿐이라는 것이다. 교환체제로 볼 때, 교역과 화폐, 그리고 시장은 불가분의 전체를 구성하며, 그것의 공통된 틀은 바로 시장이다. 이 시각에 의하면 교역은 시장을 통한 물자의 쌍방향 운동이고, 화폐는 이 운동이 가능하도록 간접적 교환에 사용되는 수량화할 수 있는 상품이다. 따라서 시장중심적 접근에서 시장은 무에서 유를 창조하는 제도이며 그것에 의해 교역과 화폐가 형성된다.25) 교역이나 화폐가 나타나는 곳은 시장이 존재하는 것처럼 간주되고, 화폐가 나타나는 곳은 교역과 시장이 존재하는 것으로 간주된다. 결국 이러한 관점에서는 있지도 않은 시장을 있는 것으로 상정하거나, 시장이 없다는 이유로 이미 존재하는 교역과 화폐 형태들은 무시되기 쉽다.

폴라니에 의하면, 시장중심적 관념은 인류학과 역사학적 사실들과는 부합하지 않는다. 실제 존재하였던 교역, 화폐, 시장의 구체적인 형태들은 시장중심적 접근과는 다른 양상을 보이고 있다. 교역, 그리고 일부 화폐의 사용은 인류와 마찬가지로 오랜 역사를 가지고 있다. 이에 비한다면 시장경제는 인류 역사에서 매우 짧은 역사만을 가지고 있다. 경제적 성격의 회합,

---

25) TMEE, p.257.

즉 교환의 장으로서 시장은 오래전부터, 즉 신석기시대부터 존재하였다. 그렇지만 시장체제를 구성하는 가격형성 시장은 기원전 1,000년 이전에는 존재하지 않았고, 그것도 호혜, 재분배 등 다른 지배적인 통합 유형에 종속되어 있었다. 시장중심적 접근은 호혜와 재분배와 같이 인류 역사에서 대부분 기간 동안 지배적이었고, 여전히 중요한 의미를 갖는 통합 유형들을 충분히 고려하지 못함으로써 인류 역사의 대부분을 관심의 영역 밖에 두고 있다. 시장중심적 접근의 오류는 교역, 화폐, 그리고 시장에 대한 폴라니의 세부적 분석에 따라 더욱 명확하게 드러난다.

2) 교역

형식적 관점에서 보면, 교역은 시장을 통한 재화의 이동이다. 판매를 위해 생산된 재화의 의미로서 모든 상품은 잠재적으로 교역의 대상이 된다. 그리고 상품의 이동은 가격에 의해 규제된다는 점에서 교역과 시장은 동일한 현상이고 모든 교역은 시장교역으로 간주된다. 그런데 이러한 형식적 관점이 아닌 실체적 관점에서 보면, 교역이란 원래 현지에서 얻을 수 없는 재화를 공동체적 차원에서 집단적으로 획득하는 수단이다. 교역의 의미는 사냥이나 노예원정, 해적질과 유사하게 멀리 떨어진 곳에서 재화를 확보하는 것에 있다. 다만 이러한 행위들과 교역을 구분하는 것은 교역에서는 재화의 이동이 쌍방향적이며, 그에 따라 교역은 비교적 평화롭고 규칙적인 성격을 갖게 된다는 점이다.[26] 폴라니에 의하면,

교역은 자연 상태에서 사냥이나 노예원정, 해적질과 같이 개인적인 행위가 아니라 집단적 행위이다. …… 교역은 서로 다른 공동체들의 ― 그 목적 가운데 하나가 재화의 교환에 있는 ― 회합을 통해 이루어진다. 가격형성 시장에서 와는 달리 그러한 만남에서 교환비율이 형성되는 것이 아니라 정반대로 교환비

26) TMEE, pp.257~258.

율을 전제로 하고 만남이 이루어진다. 또한 그러한 만남에는 개별적인 교역자들이 등장하거나 개인적인 이득의 목적이 개입되지 아니한다. 대개는 공동체의 장이나 왕이 그 구성원들에게서 '수출할' 재화들을 모아서 대리로 교역하거나, 그룹 전체가 교환을 위해서 일정한 장소에서 상대방과 직접 만날 수 있는데, 어느 경우이던 그 과정은 본질적으로 집단적이다.[27]

교역은 인류 역사의 초기부터 존재해 왔지만 그것은 처음부터 시장경제와 동일한 방식으로 이루어졌던 것은 아니며, 매우 다양한 방식과 사회적 의의를 갖고 있다. 그리고 교역은 교역 인원, 재화, 물자 수송, 그리고 쌍방의 관계 등으로 구성된다. 이러한 구성요소들을 검토하게 되면 한 사회에서 교역의 의미를 이해할 수 있게 될 것이다.

먼저 교역에 종사하는 사람이다. 교역은 교역 담당자의 사회적 위치와 관련된 동기에 따라 크게 두 가지로 구분될 수 있다. 그것은 교역 담당자가 어떤 의무나 공공의 서비스로서 교역에 종사하는 경우와 자신의 물질적 이익을 위해서 교역에 종사하는 경우이다. 고대사회에서 교역을 담당한 사람은 일반적으로 그 최상계층에 속하거나 아니면 최하계층에 속하였다. 최상계층에 의한 교역은 정치적·군사적 필요에 의해 이루어진 반면, 최하계층이 교역에 종사하게 된 것은 생계를 위해서 물자 수송과 같은 힘든 노동에 종사해야 하기 때문이었다. 중간계층이 교역에 종사하는 경우란 거의 없었다. 최상계층으로서 교역에 종사하는 경우는 개인의 생계나 이익을 위한 것이 아니라 사회적 의무나 지위의 요구에 의한 것이었다. 따라서 이들은 교역에서 발생하는 이익이 아니라 왕이나 사원 등이 그들의 노고에 대해 보물이나 토지 등의 형태로 제공하는 보상에 의해 많은 물질적 이익을 얻었다. 그에 반해 최하층의 교역은 생계를 위한 것으로서 이들은 늘 가난할 수밖에 없었다.

역사적으로 고대 메소포타미아에서는 수메르에서부터 이슬람의 등장에

---

27) TMEE, p.258.

이르는 3,000여 년 이상 최상계층(tamkarum)이 교역을 담당하였다. 이집트, 중국, 인도, 팔레스타인, 서아프리아 등지에서도 마찬가지였다. 아테네와 일부 그리스 도시들에서 하층계급(metic)의 교역자들이 나타나기 시작하였고, 이들은 헬레니즘의 등장과 더불어 전형적인 상업적 중간계층으로 발전하게 되었다.[28] 이 두 계층 이외에 교역은 이방인들에 의해서도 이루어졌으나 이들은 공동체에 속하지 못하였고, 최하층 교역자들의 지위에도 미치지 못하였다. 이방인들은 페니키아인, 로도스인, 아르메니아인, 유대인 등을 예로 들 수 있는데, 이들은 전적으로 자신의 생계를 위해 교역에 종사하였다.

다음으로 교역되는 재화이다. 초기에 교역은 재화의 종류, 거리, 수송조건 등에 따라 각기 다른 방식으로 이루어졌다. 획득하려고 하는 재화마다 거리나 장소 등의 정치적·환경적 상황이 서로 다르기 때문에 교역은 늘 특수한 일일 수밖에 없었고, 연속성이 부족한 일이기도 하였다. 즉 교역은 계속적인 사업이 아니라 일회적인 것이었다. 교역이 영속성을 갖지 못하는 것은 교역의 성격, 즉 수출되는 재화로 수입되는 재화를 획득해야 하는 필요성 때문이었다. 시장이 없는 상황에서 수입과 수출은 전혀 별개의 체제에 속하는 경향이 있었다. 다시 말해 수출을 위해서 재화를 모으는 과정과 수입된 재화를 분배하는 과정은 대개 서로 분리되었다. 전자는 주로 공물이나 조세 등으로 국가가 모집하는 것이고, 수입품은 그와 다른 방식에 따라 배분되었다. 초기의 교역과 달리 시장에서의 교역은 동질성과 연속성을 가진다. 수출품과 수입품은 시장에서 구입하고 또 시장에서 판매된다. 운송도 일반 상품과 마찬가지로 화물, 보험, 창고 등 각 영역의 시장에서 구입된다. 양자는 서로 구분이 되지 않으며, 오로지 가격 또는 비용의 측면만이 고려될 뿐이다.[29]

또한 재화의 종류뿐만 아니라 운송 수단이나 교역 루트도 일정한 형태의

---

28) TMEE, p.260.

29) TMEE, p.261.

교역제도를 형성하는 데 매우 중요할 수 있다. 즉 교역의 지리적·기술적 조건이 한 사회에서 교역이 차지하는 위치를 결정하는 것이다. 실제 원시 사회나 고대사회와 같이 교통과 운송 수단이 발달하지 못했을 때, 교역은 제한된 범위에서 이루어질 수밖에 없었다. 그에 반해 오늘날 국제적 교역 의 확대는 교통 및 통신의 발달과 긴밀한 관계를 갖는다.

마지막으로 교역이 갖는 쌍방관계적 성격이다. 이와 관련하여 폴라니에 의하면, 3가지 유형의 주요 교역이 확인된다. 그것은 기증교역(gift trade), 관리교역(administered trade), 그리고 시장교역(market trade)이다. 먼저 기증 교역에서 쌍방은 상호적 관계로서 서로 연계된다. 수천 년 동안 제국들 사 이의 교역은 바로 기증교역 방식이었다. 교역의 조직 방법은 상호간 선물 제공, 사신, 수장이나 왕들 사이의 정치적 거래 등 의식(儀式)의 성격을 띤 다. 교역되는 재화는 대개 귀족들 사이에 통용되는 대상인 보물이다. 국경 에서의 방문에 의한 교역에서는 일반인들에게 필요한 물건들이 더 많을 수 있으나 그러한 접촉은 일시적이다.

다음으로 관리교역은 다소 형식을 갖춘 조약관계에 굳건한 기반을 갖고 있다. 쌍방 모두 필요한 재화의 수입에 더 큰 관심을 갖기 때문에 교역은 정부가 통제하는 루트를 통해 이루어진다. 수출도 그와 유사하게 행정적 방식을 통해 이루어진다. 행정적 방식은 교환되는 재화의 비율, 교역항 설 비, 무게 달기, 품질 검사, 물건의 교환, 저장, 보관, 교역 인원의 통제, 지 불의 규제, 신용, 가격 차이 등 거래가 이루어지는 방법에 대한 관리를 포 괄한다. 물론 이러한 문제들 가운데 일부는 국내경제의 재분배 영역에 속 하는 수출품의 모집 및 수입품의 배분과 연계되어 있다. 상호 교역되는 재 화는 그 범위가 제한되어 있을 뿐만 아니라 품질, 포장, 무게 등 쉽게 확인 될 수 있는 기준들도 표준화되어 있다.[30] 교역 과정에는 가격 흥정이란 거 의 없고 등가물은 금방 정해진다. 물론 상황의 변화에 따라서 조정이 있을

---

30) TMEE, p.262.

수 있지만, 그것은 가격을 통해서가 아니라 수량이나 품질 또는 지불 수단 등과 같은 항목에 대해서만 해당되는 일이다.

교역의 세 번째 유형은 시장교역인데, 이것은 교환이 교역 쌍방을 서로 연결시키는 통합 유형이다. 시장교역은 비교적 근대적인 교역형태로서 서유럽과 북아메리카에 물질적 부를 가져다주었다. 교역되는 상품은 실제 무제한이고, 수요공급에 의한 가격기제에 따라 이루어진다. 재화에 대해서만 시장기제가 적용되는 것이 아니라 창고, 유통, 보험, 신용, 지불 등에서도 특수한 시장이 형성되면서 시장기제가 적용된다. 교역의 목적도 다르다. 앞서 언급한 것처럼 원래 교역은 원거리에서 획득, 즉 수입하는 데 있었다. 그에 반해 19세기 이후 시장경제가 지배하는 시기에서는 수출에 대한 관심이 더욱 지배적인데, 이는 형식적이고 '시장질서적(catallactic)'[31] 경제현상의 전형적 예이다.

결국 폴라니에 의하면 인류의 역사에서는 다양한 형태의 교역이 이루어졌다. 그 가운데 대부분은 가격형성 시장의 규율과는 거리가 멀었다. 후자는 바로 근대적 산물이다. 따라서 교역의 존재와 시장경제는 직접적인 관계가 없다.

3) 화폐

오늘날 시장경제에서 일반화되어 있는 화폐의 형식적 개념 정의에서 중요한 것은 교환 수단으로서 화폐의 기능이다. 화폐가 지불 수단과 가치 척도로 사용되는 것도 바로 그것이 바로 시장에서의 교환 수단이기 때문이다. 그 결과 화폐는 포괄적 목적을 갖게 되고, 화폐의 모든 용도는 시장의 존재에 의존하는 것으로 간주된다. 폴라니가 인용하는 레이몬드 퍼스(Raymond

---

31) 'catallactic'의 사전적 의미는 '교환과 관련된'이다. 자유주의 경제학자 하이에크(F. Hayek)는 자연발생적 질서와 유사한 의미의 시장질서를 나타내기 위해서 카탈락시 (catallaxy)라는 개념을 사용하였다(조현수, 2000: 285~289).

Firth)[32)]의 다음과 같은 주장은 화폐에 대한 시장중심적 사고를 잘 보여주고 있다.

어떤 경제체제에서나, 아무리 원시적이라고 하더라도, 어떤 물건이 진짜 화폐로 간주될 수 있으려면 분명하고 공통된 교환 수단으로서, 즉 다른 유형의 재화를 위해 어떤 유형의 재화를 얻는 편리한 발판으로서 기능해야만 한다. 그렇지만 그런 중에 그 물건은 가치의 척도로 기능하며 다른 모든 물건들의 가치를 자신의 가치로 표현되도록 한다. 또한 그 물건은 과거나 미래의 지불과 관련하여 가치의 척도이기도 하며, 가치의 보존수단으로서 부(富)가 집적되어 보관될 수도 있게 한다.[33)]

그렇지만 폴라니에 의하면 화폐의 실질적 정의는 교역과 마찬가지로 자기조정적 시장의 존재와는 무관하다. 이러한 사실은 화폐로 사용된 물건들의 일정한 용도들에 대한 분석에서 도출된다. 화폐의 용도는 크게 두 가지 요인에 의해 정해지는데, 그것은 그러한 용도가 발생하는 사회적 상황과 그 상황에서 화폐로 쓰이는 물건의 기능이다. 그에 따르면 무엇보다도 화폐의 용도는 지불, 가치 척도, 그리고 교환이지만, 역사적으로 그것은 개별 화폐에 따라 서로 독립적으로 존재하였다.[34)]

먼저 지불용도에 관한 문제이다. 지불이란 채무의 변제로서, 일정한 수량의 물건에 대한 소유권이 바뀌는 상황을 의미한다. 그 상황은 단일한 채무의 변제에 해당되는 것이 아니라 여러 채무의 변제와 관련된다. 왜냐하면 어떤 물건이 한 가지 이상의 채무에 대한 변제에 사용될 때에만 그것을 지불 수단이라고 할 수 있기 때문이다. 지불 수단으로서 화폐는 인류 역사의 초기 단계에서 가장 일반적으로 확인되는 용도이다. 그런데 당시 채무

---

32) 퍼스(1901~2002): 뉴질랜드의 인류학자로 마오리(Maori)족을 비롯한 오세아니아와 서남아시아 종족들에 대한 연구로 유명.

33) PAME, p.180.

34) TMEE, p.264.

관계는 시장경제에서와는 달리 거래로 인해 발생하는 것이 아니었다. 미분
화된 원시사회에서 채무는 결혼 지참금, 보상금, 벌금, 선물, 제사 등과 같
은 비거래적 제도들과도 관련되었고, 지불 수단으로서 동물, 노예, 장식조
개, 식량 등의 다양한 형태가 사용되었다. 고대사회에서도 이러한 지불 상
황은 계속되었는데, 관례적 부과금, 세금, 지대, 조공 등에 의해 광범위하
게 지불 상황이 발생하였다. 결국 지불 수단으로서 화폐는 교환 수단으로
서 화폐에서 파생된 것이 아니라 별개의 기원을 가지며, 그보다 더 일찍이
존재하였다.
　다음은 화폐의 가치 척도, 즉 회계 용도이다. 그것은 일정한 목적을 위해
서 상이한 재화들의 수량을 동일한 척도로 나타내는 것을 의미한다. 이러
한 상황의 발생은 교환이나 아니면 중요한 재화의 저장 및 관리와 관련되
며, 이때 화폐의 용도는 여러 가지 물건들에 대해서 그 수량을 표시하는
것이다. 따라서 교환의 경우에는 해당 물건이 화폐로 표시됨으로써 궁극적
으로 동일한 가치로 교환되도록 해준다. 또한 중요한 재화의 관리에서는
그것을 화폐로 표시함으로써 회계는 물론 계획, 균형, 예산 등이 가능하게
된다. 즉 가치 척도로서 화폐의 기능은 재분배 체제가 유연성을 갖는 데
불가결하다. 세금이나 지대를 납부하거나 배급이나 임금을 청구하는 데 사
용되는 식량, 식용유, 옷감 등과 같은 주요 재화를 동일한 척도로 나타내는
것은 매우 중요하다. 그래야만 상황에 따라 선택이 가능하기 때문이다. 가
치 기준이 있을 때, 주요 재화들의 상호 전환이 가능해지고, 기금이나 대차
등의 개념에 바탕을 둔 대규모 국가재정이 가능해진다.[35] 여기서 가치 척
도로서 화폐도 지불과 마찬가지로 시장교환과 직접적인 관련이 없다는 것
이 분명해진다.
　마지막으로 화폐의 교환기능이다. 이 기능은 간접적인 교환을 위해서 수
량으로 표시할 수 있는 재화가 필요한 상황에서 발생한다. 그것은 직접적

35) TMEE, pp.264~265, PAME, pp.185~188.

교환을 통해서 그러한 기능을 담당하는 재화를 확보한 다음, 또 한 번의
교환을 통해 그 재화를 주고 자신이 궁극적으로 원하는 재화를 획득하는
것이다. 때때로 화폐물자가 처음부터 이용되고, 두 차례의 교환은 단지 화
폐물자의 수량을 늘리기 위해서, 다시 말해 이익을 보기 위해서 행해지기
도 한다. 그런데 교환 수단으로서 화폐는 시장에서의 임의적인 교환행위에
서 시작된 것이 아니라, 어떤 이익을 목적으로 하지는 않는 '조직화된 교
역'에서 발전해 왔다. 이를테면 대규모의 교역에 종사하였던 고대 티르
(Tyre)나 카르타고 같은 민족들도 교환에 적합한 동전을 사용하는 것을 꺼
려했는데, 그것은 이러한 상업제국들의 교역항이 이윤을 위한 시장으로서
조직화되지 않았기 때문이다. 이러한 의미에서 시장경제 이전에는 교환이
화폐의 본질적인 기능이 아니었다.36)

요컨대 다양한 용도의 화폐들은 서로 독립적으로 발생하였다. 화폐의 다
양한 용도들은 각기 제도적으로 분리된 형태로 존재하였고, 지불, 가치 기
준, 가치 저장과 같은 기능이 교환기능에 선행하였다. 오늘날 화폐의 가장
중요한 용도인 교환 수단으로서 화폐는 여러 가지 개별적인 화폐들 가운데
하나에 불과하였다. 폴라니에 의하면,

……초기 화폐는 포괄적인 목적을 가진 것이 아니라 각기 특수한 목적을
가진 화폐이다. 화폐의 용도에 따라 다른 종류의 물건들이 사용되는 것이다.
더욱이 [지불, 가치 척도, 교환 등 ― 지은이] 각각의 용도들은 제도적으로 서
로 관련성이 없다. 이러한 사실은 매우 중요한 의미를 갖는다. 예를 들어 물건
을 살 수 없는 수단으로 '지불'하는 것에는 어떤 모순도 없다. 마찬가지로 교환
수단으로 사용되지 않는 물건을 '가치 척도'로 사용하는 것에도 모순될 것이
없다. 함무라비 시대의 바빌로니아에서는 보리가 지불 수단이고, 은이 가치 척
도로서 보편적으로 사용되었다. 교환은 많지 않았지만 그것을 위해서는 보리나
은 이외에도 식용유, 양모 및 다른 주요 물자들이 함께 이용되었다. [여기에서
― 지은이] 시장지배 경제 밖에서뿐만 아니라 시장경제가 없는 상태에서도 왜

36) TMEE, p.265.

교역행위와 마찬가지로 다양한 화폐 용도들이 거의 무한정한 수준까지 발달하였는지가 분명해진다.[37]

결국 교환기능을 바탕으로 각종 지불, 가치 척도, 가치 저장 등 포괄적인 목적을 가진 화폐는 시장경제에만 해당되며, 원시사회나 고대사회와 같은 다른 경제체제에는 해당되지 않는다. 그런데도 경제사 연구에서는 비시장경제에서 발견되는 특수한 기능의 화폐에 대해서 포괄적인 화폐의 성격을 부여하여 해석함으로써, 원시사회나 고대사회에서 시장적 요소의 존재를 과장하고 있다. 폴라니에 따르면, 이것은 지극히 시장경제 중심적 사고일 뿐이다.

4) 시장요소

경제에 대한 형식적 관점에서는 교환과 시장이 동일시되며, 양자는 역사상 보편적인 경제제도로 간주된다. 그렇지만 폴라니가 강조하는 실체적 관점에서는 시장과 교환은 경험적으로 별개의 성격을 갖는다. 교환은 쌍방간 재화의 소유권 이동을 의미한다. 그리고 재화의 교환은 일정한 비율로 이루어진다. 그 비율은 미리 정해지거나 아니면, 아니면 당사자 간 흥정의 결과로서 협상에 의해 정해진다. 그런데 협상에 의한 교환만이 앞서 언급한 통합 유형으로서의 교환과 동일하며, 그것은 일정한 형태의 시장제도, 즉 수요와 공급을 바탕으로 하는 가격형성 시장에 한정된다. 호혜와 재분배의 통합 유형에서와 같이 교환의 비율이 국가에 의해 정해진다면 그것은 협상을 전제로 하는 것은 아니다. 이러한 형태의 교환은 자기조정적 시장과는 무관하다.

문제는 일반적으로 사용되는 시장의 개념, 즉 교환의 장으로서 시장이 시장경제체제로 이해되는 것에 기인한다. 폴라니에 의하면 한편으로 교환

---

37) TMEE, p.266.

이 이루어지는 장으로서의 시장과, 다른 한편으로 그가 자기조정적 시장이라고 부르는 경제체제, 즉 수요와 공급에 의한 가격형성 기제가 전 사회적으로 작용하는 경제체제로서의 시장은 엄격히 구분되어야 한다. 경제주의적 시각의 추종자들은 어떤 사회에 첫 번째 의미의 시장이 존재한다는 사실로부터 두 번째 의미의 시장, 즉 자기조정적 시장이 작용하는 것처럼 논리적 비약을 범하고 있다. 실제 시장은 각 사회마다 전혀 다른 방식으로 존재할 수 있다.[38]

시장 개념에 대한 정확한 이해를 위해서 폴라니는 교역이나 화폐와 마찬가지로 그것을 구성하는 요소들, 즉 수요와 공급 집단, 가격(등가성)에 대한 분석을 시도한다.

서로 별개로 다루어져야 할 두 가지 시장요소가 있는데, 그것은 수요집단과 공급집단이다. 양자 가운데 하나라도 있으면 시장제도를 말할 수 있다[양자가 모두 있을 때 우리는 그것을 시장(market)이라고 부르고, 두 가지 중 하나만 있을 때에는 시장형 제도(market-type institution)라고 부른다]. 그 다음으로 중요한 시장요소는 등가성, 즉 교환의 비율이다. 등가성의 성격에 따라 시장은 고정가격 시장이거나 아니면 가격형성 시장이다. 가격형성 시장이나 경매와 같은 일부 시장제도들의 특징 가운데 하나는 바로 경쟁이다. 그렇지만 등가성과 달리 경제적 경쟁은 가격형성 시장에만 한정된다. 마지막으로 기능적인 요소라고 명명할 수 있는 시장 요소들이 있다. 이 시장요소들은 대개 시장제도들과는 별도로 생겨나지만, 공급집단 및 수요집단과 함께 나타날 경우에는 그 시장제도들이 실제적인 적합성을 갖도록 만들어준다. 이러한 기능적 요소들로는 물리적 장소, 재화, 관습 및 법 등이 있다. 이처럼 시장제도들이 매우 다양한데도 오늘날에는 수요·공급 가격기제라는 형식적 개념에 의해 은폐되고 있다.[39]

38) 프레드 블록·마가렛 소머즈, 「3. 경제주의적 오류를 넘어서: 칼 폴라니의 전체론적 사회과학」, Theda Skocpol 편·박영신 외 역, 『역사사회학의 방법과 전망』(서울: 대영사, 1986), 88쪽.

39) TMEE, p.267.

먼저 현대 경제학에서 수요집단과 공급집단은 서로 긴밀한 관계에 있는 것으로 간주된다. 즉 노동분업과 교환을 경제의 전제로 이해할 경우에는, 그 행위자들은 모두 수요와 공급에 동시적으로 참여한다고 간주되는 것이다. 그렇지만 폴라니에 의하면 시장경제 이외의 경제에서 양자는 별개로 구분된다. 수요와 공급은 서로 결합된 것처럼 보이지만, 양자는 각각 두 가지 상이한 요소, 즉 일정한 양의 재화와 인간으로 구성되어 있다. 수요는 필요로 하는 재화와 그것을 구매하는 인간으로, 공급의 경우에도 공급될 재화와 그것을 파는 인간으로 구성되어 있다. 다시 말해 재화를 처분하려는 집단과 그것을 필요로 하는 집단이 별개로 존재하며, 따라서 양자는 동시에 존재할 필요도 없다. 폴라니의 예를 들자면, 승리한 장군이 전리품을 경매에 부칠 경우, 수요집단만이 있을 뿐이다. 반대로 최저가 입찰자에게 사업계약이 배정되는 경우에는 공급집단만 있게 된다.[40] 폴라니에 따르면 고대사회에서 경매나 입찰은 광범위하게 퍼져있었다. 수요집단과 공급집단의 구분은 모든 전근대적 시장제도의 조직에 중요한 의미를 가졌다.[41]

한편 가격은 거래나 협상으로 정해지는 상이한 재화들 사이의 수량적 비율, 즉 등가성을 나타낸다. 이러한 의미에서의 가격은 위에서 언급한 교환의 통합 유형에서 특징적으로 나타난다. 그렇지만 폴라니에 의하면, 등가성은 교환관계에만 한정되는 것은 아니며, 호혜의 통합 유형과 재분배의 통합 유형에서도 흔히 나타난다. 재분배의 통합 유형에서 그것은 조세, 지대, 부과금, 벌금 등을 지불할 때 사용되는 다양한 재화들 사이의 수량적인 관계를 나타낸다. 그 외에도 실물로 지급되는 임금이나 배급에 있어서도 재화들 사이의 등가성이 적용된다. 그리고 앞서 언급한 주요 재화들에 바탕을 둔 국가재정, 즉 계획, 예산 균형, 회계 등에 있어서도 융통성을 위해서 이러한 방식이 이용된다. 호혜의 통합 유형에서 등가성은 대칭적 관계

---

40) 여기서 수요집단이나 공급집단은 서로 경쟁하는 다수의 수요자와 공급자를 전제로 한다. 따라서 단일한 수의 수요자나 공급자는 여기에 해당되지 않는다.

41) TMEE, p.268.

에 있는 측들 사이에 '적절한' 양의 재화가 상호 제공됨으로써 발휘된다.

이러한 의미에서 등가성 개념이 포괄하는 범위가 가격에 비해 훨씬 더 넓다. 더욱이 비시장경제에서 가격은 원래 확고하게 고정된 수량이고, 그것 없이는 교역을 시작할 수 없다. 통상적인 관념과는 달리 원시나 고대 경제에서는 가격이 교역과 교환의 결과가 아니라 그 전제조건이었던 것이다. 그에 반해 경쟁에 의해 변화되는 가격은 비교적 최근에 발전된 것이다. 따라서 좀더 보편적인 경제현상을 설명하기 위해서는 변화되는 경향이 있는 가격의 개념보다는 그렇지 않은 등가성의 개념이 더 적합하다.

제4장

시장경제의 기원과 전개

1. 자기조정적 시장의 형성

1) 교역과 시장의 외부적 기원

재화의 교환이 이루어지는 시장은 인류 역사에서 오래전부터 존재하였다. 다만 그것은 경제의 다른 지배적인 통합 유형과 격리되고 또 그것에 의해 통제(조절)되는 방식으로만 존재하였다. 그렇다면 이러한 시장은 어떻게 하여 자기조정적 시장, 즉 시장경제가 될 수 있었을까. 이제까지는 그러한 발전이 시장 확대의 자연스런 결과라는 시각이 지배적이다. 특히 19세기의 고전적 교리에 의하면, 화폐가 발명되면서 분업의 속도를 가속화하고, 교환하려는 인간의 천성을 해방시켰기 때문에 시장이 창조되었다. 노동의 분업에 의한 교역의 장소로서 지역적 시장이 먼저 형성되고, 점차 전국적 시장으로 발전하고, 궁극적으로 원격지 무역을 포함한 대외무역으로 발전해 왔다는 것이다. 그렇지만 폴라니에 의하면, 개인의 교환행위가 있다고 하더라도 다른 경제원리가 지배하는 사회에서는 교환행위가 자기조정적 시장의 형성으로 이어지지는 않는다.

그러한 [교환— 지은이]행위는 거의 모든 원시사회에서 존재하지만 우연적인 것으로 간주된다. 그것은 생활에 필요한 대부분의 재화들은 교환을 통하지 않기 때문이다. 고대의 거대한 재분배 체제에서는 지역시장뿐만 아니라 교환행위가 일반적이었지만, 그것은 종속적인 특성에 불과하였다. 호혜가 지배하는 곳에서도 마찬가지이다. 즉 여기서 교환행위는 대개 신뢰와 믿음을 내포하는 광범위한 관계, 즉 거래의 쌍방적 성격을 없애버리는 경향이 있는 상황에 묻혀 있다. 교환을 제약하는 요소들은 각종 사회학적 요소들에서 발생하게 된다. 이를테면 관습과 법, 종교와 주술이 서로 비슷한 정도로 행위자와 대상, 시간과 방법 등에서 교환을 제약하는 데 기여한다. 대개 교환을 하는 개인은 거래의 대상들과 그 등가량이 이미 정해져있는 형태의 거래에 참여할 뿐이다.[1]

교환뿐만 아니라 지역시장도 오랫동안 엄격한 제약을 받았다. 그것은 주로 시장적 요소와 더불어 출현하는 도시의 이중적인 역할에서 확인된다. 즉 도시는 한편으로 시장을 지탱하는 공간으로 기능하면서, 다른 한편으로는 시장이 농촌으로 확대되어 사회의 지배적인 경제조직을 침해하지 않도록 하는 수단이기도 하였다.[2] 그뿐만 아니라 지역시장은 엄격한 규율 아래 운영되었는데, 거기에는 정해진 장날, 미신적 의미의 청결 유지, 제사와 같은 주술적인 행사 등이 포함되었다. 지역시장의 이러한 특성은 각 지역마다 차이가 거의 없을 뿐만 아니라, 원시시대부터 시장경제의 출현까지 거의 변화되지 않고 유지되었다. 이러한 의미에서 본다면 지역시장에서 전국시장이 발전한 것은 아니다.[3]

폴라니에 의하면, 시장이 엄청난 힘을 가진 자기조정적 체제로 전환하는 것은 시장 자체의 내재적 경향성에 의한 것은 결코 아니었다. 시장 유형은 원래 제한적으로 존재하였고 또 팽창적이지도 않았다. 많은 고립된 사회에서 시장은 존재하지도 않았다. 폴라니가 자주 인용하는 인류학자 투른발트

---

1) GT, p.61.
2) 지역시장의 대표적인 예가 그리스의 아고라(agora)이다.
3) GT, pp.60~62.

(Richard Thurnwald)4) 등의 연구에 의하면, 시장 또는 화폐의 존재 여부가 원시사회의 경제체제에 영향을 주지 않았다. 한 경제의 내적 조직과 시장의 존재 여부는 서로 연관이 없었던 것이다. 그것은 시장이 원래 경제 내부가 아니라 경제 외부에서 기능하였기 때문이다. 다시 말해 시장은 원래 원격지 무역이 이루어지는 장소였던 것이다. 즉 원격지 무역이 오히려 교환행위와 — 화폐가 사용될 경우 — 매매행위를 포함하는 제도로서 시장을 낳았던 것이다.5) 시장이 노동분업이 아니라 재화가 소재하는 지역적 차이에 의해 나타났다는 이러한 견해는 위에서 언급한 고전적 주장과는 상반된다.

그렇다면 좀더 구체적으로 교역의 기원이 경제의 내적 조직과는 무관한 외적 영역에 있었다는 것은 무슨 의미인가. 폴라니는 교역의 기원은 앞서 언급한 것처럼 현지에서 조달할 수 없는 재화를 먼 지역에서 집단적으로 획득하는 데에서 시작되었다고 주장한다. 다시 말해, 어떤 물건을 획득한다는 의미에서 교역은 모험, 탐험, 사냥, 약탈, 전쟁 등과 같은 의미와 형태를 띠었던 것이다. 그 결과 교역은 대부분 일방적 성격을 가졌다. 이러한 일방적 성격으로 인하여 초기 대외 교역은 평화로운 쌍방 간 교환과는 거리가 있었다.

그 뒤 일방적인 획득은 점차 평화로운 교역으로 전환되었다. 즉, 재화의 획득을 위한 종족들의 원정은 점차 강자가 정하는 조건으로 불균형적이나마 쌍방 모두 일정 정도를 획득하는 방식에 의해 대체되었던 것이다. 다른 한편, 아프리카의 숲에서 확인되는 것처럼, 휴전협정으로 전쟁의 위험을 피하는 방식에 의해 소위 '조용한 교역(silent trading)'6)이 이루어짐으로써 점차 평화와 신뢰의 요소가 도입되었다. 쿨라 군도에서는 상호적 협정을

---

4) 투른발트(1869~1954): 독일의 법률가, 인종학자. 특히 솔로몬 제도와 뉴기니, 동아프리카 등의 현지 조사를 바탕으로 언어와 종족심리, 가족, 연맹체 등을 연구함. 인종사회학의 창시자로 알려짐.

5) GT, p.58.

6) 조용한 교역이란 교역 당사자 간 직접적 대면 없이 일정한 시간과 장소에 교역물건을 갖다놓고 가져가는 형식이다.

통해 쌍방적 교역이 성립되었다. 나중에는 공동체들 사이의 등가적 형태의 교환도 점차 도입되었다.

그렇지만 대외시장은 여전히 국내시장과 전적으로 다른 영역에 속하였다. 양자는 규모뿐만 아니라 그 경제적 기능에 있어서도 상이한 제도였다. 국가 간의 대외교역이 현지에 없는 재화를 운송하는 것이었다면, 도시와 주변 농촌 간의 지역적 교역은 너무 무겁거나 상할 가능성 때문에 다른 지역으로 운송할 수 없는 물자에만 한정되었다. 그와 함께 자급자족을 기반으로 하는 사회에서는 경제생활에서 교역이 차지하는 비중도 매우 제한적이었다. 이러한 의미에서 지역시장과 대외시장은 서로 경쟁적이 아니라 보완적 관계였다. 이러한 맥락에서 지역시장이 확대되어 대외시장으로 이어졌다는 고전적 주장은 근거가 없게 된다.

결국 인간 공동체에는 대외 교역이 없을 수 없지만 그러한 교역이 반드시 시장을 필요로 한 것은 아니라는 결론이 가능하게 된다. 환언하면 (대외)교역은 시장보다 더 오래되었고, 또 시장과 별도로 존재하는 제도였다. 수요·공급에 의한 가격기제의 형성은 교역이 일상적 삶에까지 확대된 결과였고, 그것은 유럽의 경우 산업혁명을 거치게 되는 18세기 초에야 이루어졌다. 그 이전, 즉 중세나 중상주의 시기에는 광범위한 교역이 이루어졌지만, 아직 자기조정적 시장은 존재하지 않았다.

2) 중세 도시의 폐쇄성

중세 봉건제도와 길드체제에서 토지와 노동은 사회 조직의 일부였고, 화폐는 아직 산업의 중요한 요소로 발전하지 못하였다. 봉건적 질서의 핵심 축인 토지는 군사·사법·행정·정치체제의 기초였고, 토지의 가치나 기능은 법적 내지는 관습적 규칙에 의해 결정되었다. 다시 말해 토지소유권의 양도 가능성과 조건, 소유권에 따르는 부수적 결과, 토지의 용도 등의 문제들은 토지거래로부터 별도로 분리되어 전혀 다른 제도적 규정들에 종속되어 있었다. 노동 조직도 마찬가지였다. 길드 체제에서 생산활동의 동기와 배경은 사회의 일반조직에 의해 결정되었다. 장인, 직공, 그리고 도제의 관계, 동업조합의 조건, 도제의 수, 직공의 임금 등 거의 모든 것이 길드와 도시의 관습 및 규칙에 의해 규제되었다.

이러한 상황에서 교역과 그것이 이루어지는 장소로서 시장은 제한된 범위에서만 존재하였다. 다시 말해 지역시장과 원격지시장만이 도시를 중심으로 허용되었고, 아직 전국시장은 형성되지 않았다. 전국시장은 아래에서 언급하는 것처럼 중상주의 시기에 국가에 의해 '창조'되었다. 이를테면 한자동맹이나 런던 등을 포함한 중세유럽의 도시들은 전국적 시장은 아니었다. 교역은 도시에서만 이루어졌고, 농촌은 배제되어 있었다. 국가는 농촌의 크고 작은 많은 자급자족적 가계들과 마을의 조그마한 지역시장으로 구성된 느슨한 정치적인 단위에 불과하였다. 교역은 엄격하게 조직된 소도시에만 국한되었고, 시장이 농촌지역에 침투하는 것은 허용되지 않았다.

그리고 중세 도시에는 두 가지 구분되는 교역, 즉 지역적 교역과 원격지 교역이 여전히 구조적으로 단절되어 존재하였다. 중세 도시에는 시민과 — 주변의 농민과 외국인들로 된 — 비(非)시민 사이의 구분이 분명하였다. 도시는 정치적·군사적 힘이 있었기 때문에 주변의 농민들에 대한 통제가 가능한 반면, 외국의 상인들에 대해서는 그러한 힘을 행사하지 못하였다. 따라서 지역적 교역과 원격지 교역에 대해서 도시는 전혀 다른 입장을 취할 수밖에 없었다. 폴라니는 다음과 같이 말한다.

[도시는 — 지은이] 식량의 공급과 관련하여 거래의 강제적 공개나 중간상인의 배제 등을 통해서 지역적 교역을 통제하고 특히 과도한 물가인상에 대비하려고 하였다. 이러한 규제는 도시와 그 외곽지역 사이의 교역에서는 관철될 수 있었다. 그렇지만 원격지 교역에서는 상황이 전혀 달랐다. 양념, 절인 물고기 또는 와인은 원격지에서 운송해오지 않으면 안 되었다. 따라서 외국 상인들과

그들의 자본주의적 도매 방식에 지배되었다. 이러한 유형의 교역은 지역적 규제를 벗어났고, 따라서 취할 수 있는 방법은 가능한 한 원격지 교역을 지역시장에서 배제하는 것뿐이었다. 소매업에 대한 외국상인의 금지는 이러한 이유에서였다. …… 공산품의 경우에는 원격지 교역과 지역적 교역의 구분이 더욱 강하였다. …… 그것은 공업생산을 담당하는 길드 조직의 특성과 관련되었다. 지역시장에서 생산은 생산자의 필요에 따라 규제되었고 그 결과 생산은 일정한 이익을 보장하는 수준으로 제한되었다. 다만 지역 내 소비와 달리 생산자의 이익이라는 측면에서 생산량을 제한할 필요가 없는 수출의 경우, 이러한 원칙은 해당되지 않았다. 즉 공산품의 지역적 교역은 엄격하게 규제되었으나, 다른 지역으로의 수출을 위한 생산은 별다른 제한을 받지 않았다.[7]

결국 중세의 전형적인 도시들은 지역시장과 원격지시장을 서로 연결하는 것이 아니라, 원격지 교역을 제한하고 지역적 교역을 보호하는 방식을 취하였다. 지역적 교역을 원격지 수출교역과 엄격하게 구분한 것은 자본의 지역적 유동성이 확대되어 자신의 전통적인 제도가 해체될지도 모른다는 위협에 대한 도시의 반작용이었다. 도시의 이러한 기능으로 때문에 전국적 시장의 형성은 억제되었다. 도시는 주변 농촌지역이 도시에 편입되거나 도시가 개방되어 무차별적으로 교역이 이루어지는 것을 최대한 막으려고 하였던 것이다.

3) 중상주의와 전국시장

결국 도시들이 저항하는 상황에서, 영토적 기반을 둔 국가가 나서서 시장을 전국화하고 전국적 상업을 창조하는 기능을 담당하지 않을 수 없게 되었다. 15세기와 16세기에 이르러 국가는 강력하게 보호주의적 입장을 취하는 도시들에 대해서 의식적으로 중상주의 체제를 강제하였다. 그 결과 지역적 교역과 원격지 교역을 분리하는 도시의 보호주의적 요소들이 파괴

---

7) GT, p.64.

되고, 농촌과 도시, 그리고 도시들 사이의 구분을 점차 없애는 전국적 시장
이 형성되었다.

중상주의는 각종 국내외 상황의 변화에 따라 출현하였다. 먼저 정치적으
로는 상업혁명에 의해 서구의 무게중심이 지중해에서 영국과 프랑스 등 대
서양으로 옮겨졌다. 그와 함께 이제까지 농업에 종사하였던 낙후된 민족들
이 상업과 무역에 참여하게 되었고, 이것을 뒷받침하기 위한 중앙집중적
국가가 성립되었다. 또한 국제정치적으로 주권국가들의 건설이 중요한 과
제로 등장하였다. 즉 중상주의 국가는 전국의 자원을 대외적 목적으로 집
중해야 하였고, 그와 더불어 국내적으로 봉건 영토와 도시들로 분할된 나
라를 통일하지 않으면 안 되었다. 경제적으로 통일의 수단은 자본이었는
데, 이를 위해서 상업의 발전이 추진되었다. 마지막으로 전통적인 도시국
가 체제를 국가의 더 넓은 영토로 확장시킴으로써 중앙정부의 경제정책을
뒷받침해 줄 수 있는 행정적 장치가 마련되었다. 이러한 상황에서 도시와
농촌의 제도적 구분은 약화되고, 무역과 상업이 전국적으로 확대되면서 경
제활동의 지배적인 형태가 되었다. 이것이 바로 전국적 시장의 기원이 되
었다.

폴라니에 의하면, 그런데도 전국적 시장의 출현은 그 자체로 시장경제의
형성을 의미하지는 않았다. 중상주의에서는 교역이 도시의 제한에서 해방
되면서 독점과 경쟁의 문제가 나타났고, 특히 독점을 막기 위해서 국가의
적극적인 개입과 규제가 요구되었다. 다시 말해 규제되지 않는 경쟁은 독
점을 낳고 이것은 생산과 분배를 위협할 수 있었기 때문에 시장에 대한 외
부의 개입이 필요하였던 것이다. 그 결과 전국적 수준에서 경제활동 전반
에 대한 국가의 규제가 유일한 방안으로 간주되었다.

경쟁이 궁극적으로 독점으로 이어질 수밖에 없다는 것을 일반 사람들은 잘
알고 있었다. 독점이 생활 필수품과 관련되고 따라서 쉽게 공동체에 대한 위험
으로 이어졌기 때문에, 독점에 대한 두려움은 그 이후보다도 당시에 더 컸다.

이때에는 단순히 도시 차원이 아니라 전국적 차원에서 경제생활에 대한 전방위적 규제만이 유일한 처방이었다. 오늘날의 판단으로는 이러한 규제는 쉽사리 경쟁에 대한 근시안적 배제로 간주될 수도 있겠지만, 사실 당시의 조건하에서는 시장의 작동을 보호하는 수단이었다. …… 국가가 시장에서 특정한 제한, 세금, 금기 등을 제거하는 조치를 취할 때마다, 그것은 생산과 분배의 조직화된 체제를 위험에 처하게 했다. 즉 생산과 분배는 규제되지 않는 경쟁과 시장에서 '일확천금을 챙기는' 무단영업자의 침범에 의해 위협받았다. 결국 새로운 전국적 시장은 불가피하게 어느 정도 경쟁적이었으나, 새로운 경쟁요소가 아니라 전통적 특징의 규제가 지배적이었다.[8]

또한 길드 체제도 중상주의하에서 사라진 것이 아니었고, 단지 전국적으로 통일적인 규칙이 마련되었을 뿐이었다. 중상주의자들은 무역과 상업을 통한 국내 산업의 발전에 관심이 있었을 뿐, 토지와 노동의 전통적인 조직방식은 그대로 수용하였다. 토지도 봉건적 속성이 그대로 유지되었는데, 1789년 대혁명 때까지 프랑스에서 토지의 소유는 사회적 특권에 속하였다. 영국에서는 노동규정을 전국적으로 통일시킨 1563년 「직인규약(Statute of Artificers)」과 1601년 「구빈법(Poor Law)」에서 노동력의 매매를 억제하였고,[9] 튜터 왕조와 초기 스튜어트 왕조의 반(反)종획정책은 이윤을 위한 토지의 사용을 제약하기 위한 것이었다. 결국 중상주의에서 상업화가 적극 추진되었으나 생산의 두 가지 중요한 요소인 노동과 토지의 상업화에 대한 생각은 없었던 것이다. 산업에 대한 국가의 적극적인 개입에 대해서도 중상주의자들은 봉건주의자들과 유사한 입장에 있었다. 다만 봉건체제하에서 길드나 도시, 지방정부가 관습이나 전통의 방식에 의한 규제에 호소했다면, 중상주의하의 새로운 국가권력은 법과 명령을 더 선호하였을 뿐이다.[10]

---

8) GT, p.66.
9) 17~19세기 영국에서 노동시장의 형성을 둘러싼 규제와 탈규제의 과정에 관해서는 이 책의 제4장 2절 '노동시장의 형성과 발전'에서 상술.
10) GT, pp.70~71.

그뿐만 아니라 중상주의 시기에는 자급자족을 위한 농가가 여전히 경제체제의 기초였고, 상업은 아직 보완적인 역할만을 담당했다. 그와 함께 전국시장, 지역시장, 대외시장 등이 서로 상당히 고립되어 병존하는 형태를 띠었다. 규제된 시장에서 자기조정적 시장으로의 전환은 18세기 말에 이르러 비로소 가시화되었다. 그것은 무엇보다도 산업혁명에 의해 전적으로 다른 생산방식의 요구에서 시작되었다.

4) 산업혁명과 자기조정적 시장

폴라니에 의하면, 시장경제의 역사적 등장은 기계의 발명을 특징으로 하는 산업혁명에 직면하여 인류가 거기에 상응하는 경제체제를 만든 결과이다. 다시 말해 시장경제는 기계에 의한 대량생산의 가능성을 활용하기 위해 이전에 각기 개별적으로 존재하였던 시장들을 연결하여 하나의 자기조정적 체제로 만듦으로써 형성되었다.[11] 그리고 자기조정적 시장이 일단 형성되자, 그것은 생산을 위한 경제적 기능에 머물지 않고 자신의 규칙에 사회적 관계 전반을 종속시키기 시작하였다.

산업혁명은 무엇보다도 대량생산을 가능하게 하는 기계의 발명을 가져옴으로써 시장경제의 등장을 촉진시켰다. 인류 역사에서 기계는 존재해 왔지만 19세기에 본격화된 기계의 시대는 인간의 사회 조직에 근본적인 변화를 가져다주었다. 그것은 무엇보다도 이전과는 전적으로 다른 기계의 성격과 관련된다. 사실 상인들이 생산을 지배한 18세기만 하더라도 산업 생산은 상업의 부속물에 불과하였고, 기계도 가내수공업에 사용되는 것으로서, 값이 저렴하고 다목적의 기능을 가졌다. 당시 선대제[12]하에서 상인들

---

11) PAME, p.59.

12) 선대제(先貸制: putting-out system)란 생산자가 작업에 필요한 도구를 직접 소유하거나 상인에게서 임대하고, 생산에 필요한 원재료는 상인이 공급하는 생산 조직 형태를 말한다. 이때 생산된 제품이나 반제품은 일정한 계약에 의해 상인이 소유하게 된다. 선대제는 생산자가 작업을 통제하는 것과 작업장이 분산되어 있는 것을 특징

은 농가에 양모, 염료, 그리고 직조기 등을 선대하는 방식으로 생산을 지배하였다. 생산이 이처럼 상업, 즉 구매와 판매의 일부로서 분산된 형태로 소규모로 조직되는 상황에서는 경기(景氣)나 원료의 조달 가능성에 따라 생산량이 시기적으로 변한다고 하더라도 상인 자본가들에게 결정적인 손실이 발행하지는 않았다. 게다가 이들은 시장 상황을 비교적 잘 알고 있었다.

그렇지만 산업혁명에 의해 정교하고 특수한 목적의 기계가 발명되면서 상황은 달라지기 시작하였다. 정교한 기계와 설비가 사용되면서 공장제 방식의 생산이 등장하였고, 점차 상인을 대신하여 산업 자본가들이 생산 과정을 지배하게 되었다. 기계와 설비의 가격이 비싸진 상황에서 투자는 상당한 위험 부담이 수반되는 장기적 투자의 성격을 갖게 되었다. 지속적인 생산이 보장되지 않는다면, 상당히 많은 고정비용이 들 수밖에 없는 대규모 공장의 건설이나 운영은 위험 부담이 너무 클 수밖에 없다. 따라서 기업이 큰 손실을 보지 않기 위해서는 원료와 노동력과 같은 생산요소들을 안정적이고 예측 가능한 수준에서 확보할 수 있어야 한다.13) 그렇다면 생산요소들을 안정적으로 확보할 수 있는 방법은 무엇인가. 그것은 바로 시장기제를 통해 생산요소들을 상품으로서 자유롭게 구매할 수 있게 하는 것이다. 그리고 생산요소들 가운데 가장 중요한 것은 바로 노동, 토지, 화폐이다. 인간의 삶에 본질적인 이러한 요소들의 배분에 시장기제가 적용된다는 것은 바로 자기조정적 시장경제의 도입을 의미한다.

그런데 원래 노동과 토지, 그리고 화폐는 '시장에서의 판매를 위해 생산된 물건'이라는 의미에서의 상품은 아니었다. 노동은 삶의 일부로서 판매를 위해 생산된 것도 아니며, 나머지 삶에서 따로 분리해서 저장하거나 동원할 수 있는 것도 아니다. 토지도 자연의 다른 이름일 뿐, 인간이 생산한

으로 하는 전근대적인 생산 조직 형태이다. 이것은 후에 작업장의 통합과 자본가가 작업을 감독하는 것을 특징으로 하는 공장제 수공업(manufacture) 단계로 넘어가게 된다.

13) GT, pp.74~75.

것은 아니다. 마지막으로 구매력의 상징으로서 화폐도 생산된 것은 아니며
은행이나 국가재정을 통해 창출된 것에 불과하다. 이러한 시각에서 본다면
노동, 토지, 화폐가 상품이라는 생각은 전적으로 허구적일 뿐이다. 실제 중
상주의 시대만 하더라도 토지와 노동의 거래는 자기조정적 시장의 규율과
는 거리가 멀었다. 폴라니에 의하면,

> 중상주의 체제는 시장을 창조하려고 의도적으로 애를 썼지만, 아직은 그 반
> 대의 원리가 작동하였다. 노동과 토지는 시장에 맡겨지지 않았다. 토지가 시장
> 에서 매매될 경우에는 일반적으로 가격의 결정만이 당사자들에게 위임되었다.
> 노동이 계약에 따를 때에도 임금 자체는 대개 공공의 권위체에 의해 매겨졌다.
> 토지는 장원, 수도원, 그리고 교구의 관습과 부동산 권리에 대한 관습법적 제
> 약 아래 있었다. 노동은 구걸과 떠돌이를 금지하는 법, 노동자들과 직인들의
> 규약, 구빈법, 길드와 도시의 규칙 등에 의해 규제되었다.[14]

그렇지만 산업혁명이 진행되면서 노동, 토지, 화폐 시장이 인위적으로
조직되었다. 토지와 노동에 대해서는 수요와 공급에 따라 시장가격이 매겨
졌고, 그것은 각각 임금과 지대라고 불렸다. 주요 생산요소들이 허구적 상
품(fictitious commodity)으로 전환되면서 사회 전체의 중요한 조직원리를 제
공하게 되었다. 그와 함께 시장 메커니즘의 기능을 방해할 수 있는 모든
제도나 행위는 용납되지 않게 되었다.[15] 폴라니에 의하면, 이러한 시장들
의 형성은 많은 주류 경제학자들이 생각하는 것처럼 자연발생적이 아니라,
국가에 의한 각종 입법조치와 이론적 합리화에서 드러난 것처럼 고도의 인
위적인 노력의 결과였다.[16]

각 생산요소들의 상품화 과정은 서로 긴밀한 연관성이 있다. 먼저 노동

---

14) PAME, p.62.

15) GT, pp.72~75.

16) George Dalton, "Introduction," Karl Polanyi. *Primitive, Archaic, and Modern Economies: Essays of Karl Polanyi*, 1968, p.xxiv.

의 상품화를 통한 노동시장의 형성은 임금노동자의 등장을 의미한다. 노동자의 생존이 임금에 의존하게 되면 물가가 중요한 요소가 되는데, 물가는 또한 통화량과 긴밀한 관계를 갖는다. 특히 통화팽창에 의한 물가상승은 실질임금의 하락을 가져오고 이것은 사회적 불안정을 야기할 수 있다. 따라서 인위적인 통화공급량에 의해 물가 수준이 변화하는 것을 막기 위해서는 일정한 기준에 의한 통화공급이 요구되는데, 상품으로서 금의 보유에 맞추는 것이 하나의 방안이 되었다. 그런데 엄격한 금본위제 아래에서는 통화량의 조정이 제약을 받기 때문에, 불황시 디플레이션과 같은 통화경색이 나타날 수 있다. 특히 물가하락에 상응하여 임금이 상응하여 하락하지 않고 경직된다면, 기업은 생산원가 상승 압력을 받아 실업과 불황의 원인이 될 수 있다. 임금을 낮은 수준으로 유지하기 위해서는 당시 노동자의 임금에 결정적인 요소인 식량의 자유로운 교역이 요구되었다.[17]

역사적으로 자유로운 시장을 위한 노력은 1830년대와 1840년대에 결실을 보게 되는데, 그것은 영국에서 각각 「구빈법 개정안」[18], 「필의 은행법」[19], 그리고 마지막으로 「반곡물법」[20]으로 구체화되었다. 「구빈법 개정안」은 다음에서 상술하는 것처럼 빈민들에 대한 사회적 지원을 대거 삭제함으로써 국내 노동력의 공급을 시장의 가격기제에 따르도록 하였다. 「필의 은행법」은 국내의 화폐유통을 과거보다 더 엄격하게 금본위제의 자기조정적 메커니즘에 종속시키는 것을 의미하였다.[21] 마지막으로 「반곡물법」은 국내의

17) GT, pp.137~139.
18) Poor Law Reform Act(1834).
19) Peel's Bank Act(1844).
20) Anti-Corn Law Bill(1846).
21) 이 법의 명칭은 당시 보수적인 토리당 출신의 영국 수상이었던 로버트 필(Robert Peel) 경의 주도하에 이 법이 제정된 것에서 유래한다. 당시까지 영국에서는 금과 더불어 영국은행(Bank of England)이 발행한 은행권, 그리고 다양한 명목 화폐들이 지불 수단으로 사용되어 왔다. 이제 「필의 은행법」에 의해 영국은행의 은행권 발행액수가 금의 보유량과 일치하게 됨으로써, 화폐발행에 대한 국가의 개입이 제거되고 화폐는 상품으로서 금과 동일한 존재가 되었다. 그와 더불어 통화공급은 국제수지의 변동에 따른 금의 유출과 유입에 따라 자동적으로 조절되도록 되었다(홍기빈, 1996: 53).

곡물시장을 세계의 다른 나라에 개방하는 것을 의미하였다.[22] 그 결과 당시 국제무역에서 가장 중요한 곡물을 중심으로 자유무역이 이루어지게 되었다. 결국 노동시장, 금본위제, 그리고 국제적으로 자유무역이 갖추어짐으로써 자기조정적 시장이 형성된 것이다.

물론 교역이 일상생활에 침투한 것만으로 수요·공급 기제가 생겨나는 것은 아니며, 거기에는 몇 가지 추가적인 제도적 발전이 있어야 한다. 먼저 대외 교역이 지역시장에 침투하면서 지역시장은 엄격하게 통제된 시장에서 가격이 다소 자유롭게 변화되는 소위 가격형성 시장으로 전환되기 시작하였다. 이어 노동과 토지와 같은 생산요소들에 대해서도 유동적인 가격을 가진 시장이 만들어졌다. 얼마 지나지 않아 임금이나 지대, 그리고 식량가격 등 상품들이 뚜렷한 상호의존성을 보이게 되면서 하나의 체제로서 시장이 형성되는 조건이 마련되었다. 처음에는 서로 고립된 시장들이 얇게 퍼져있었으나, 점차 시장들이 상호의존성을 갖는 자기조정적 시장체제(self-regulating system of markets)로 전환된 것이다.

5) 이론의 역할

역사적으로 개별 상품의 가격 사이에 존재하는 상호의존성에 대해 가장 먼저 주목한 것은 프랑스의 케네(François Quesnay)[23]를 중심으로 하는 중농주의자들이었다. 다만 그들은 단순히 몇 가지 소득과 곡물 가격의 상호의

22) 곡물을 중심으로 하는 자유무역과 보호무역에 관한 논쟁은 오래전부터 제기되었다. 먼저 1815년 「곡물법(Corn Law)」이 제정되어 곡물 수입에 높은 관세가 부과되었다. 그 법은 주로 보수적인 토리당이 대변하는 지주에게 이익을 가져다준 반면, 노동자들의 빵 가격을 급속히 인상시켰다. 그에 따라 폭동이 발생하였고, 휘그당과 다른 자유주의자들이 1838년 소위 반곡물법 동맹을 구축하게 되었다. 한편 노동자들의 임금을 낮추려고 하는 산업계도 반곡물법 동맹을 지지하였다.

23) 케네(1694~1774): 프랑스의 경제학자, 중농학파의 창시자. 모든 부(富)는 토지에서 생기고, 따라서 농업만이 그것을 증대시킬 수 있다고 잘못 생각했음. 그렇지만 경제에 법칙성의 존재와 자유무역, 자유방임, 공산품에 대한 조세의 면제 등을 주장함으로써 아담 스미스와 같은 고전경제학자들에게 큰 영향을 미침.

존성에 주목하였을 뿐이었다. 아담 스미스는 임금과 지대를 가격군(群)에 포함시켰고, 그에 따라 하나의 통합적인 시장체제에 대한 개념을 갖게 되었다. 즉, 아담 스미스는 경쟁적 시장으로 인해 다양한 종류의 가격들 사이에 상호의존적 경향이 있음을 인식하게 되었던 것이다. 그렇지만 폴라니에 의하면, 케네[24]나 아담 스미스[25] 시대의 시장은 아직 자기조정 단계에 이르지 않았고, 이들도 사회 내에서 별도 영역으로서 경제를 상정하지 않았다.

그렇지만 시장경제가 초기 단계에서 각종 사회적 문제들을 수반하고 그에 대한 반작용이 제기되자 경제적 자유주의는 시장경제를 옹호하기 위한 의도적이고 세속적인 교리로 전환되었다. 폴라니에 의하면,

> 경제적 자유주의는 시장체제를 창조하려고 하는 사회의 조직원리였다. 경제적 자유주의는 비(非)관료적 방식을 옹호하는 하나의 사조로서 출발하였지만, 자기조정적 시장을 통한 인간의 세속적 구원에 대한 확고한 신념으로 발전하였

---

24) 케네와 같은 중농주의자들에 대해서 폴라니는 이들이 정치와 완전히 분리된 경제의 존재를 주장한 것은 아니라고 단언한다. "중상주의적 세계에서 중농주의자들이 요구한 것은 농민, 소작농, 그리고 지주의 더 많은 수입을 확보하기 위한 곡물의 자유로운 수출이 전부였다. 그 나머지 이들에게 그들의 자연질서(ordre naturel)란 전지전능하고 무소부재한 것으로 간주되는 정부가 공업과 농업을 규제하기 위한 지도원칙에 불과하였다. 케네의 '준칙(Maximes)'은 그러한 정부에게 '경제표(Tableau)'의 원리를 실제 정책으로 전환하는 데 필요한 의견들을 제공하기 위해 의도한 것이었고, 그는 자신이 정기적으로 거기에 필요한 통계자료를 공급하겠다고 제안하였다(GT, p.135)."

25) 통상적인 견해와는 달리 폴라니는 아담 스미스에 대해서도 그를 정치(국가)와 구분된 경제(사회) 영역의 발견자로 간주하지 않는다. 그에 의하면 아담 스미스는 부(富)의 증대를 서로 경쟁하는 국가들의 정책적 차원에서 접근하였다. 아담 스미스에게 부는 공동체 생활의 한 측면에 불과하였고, 공동체의 정치적·도덕적 법칙을 벗어나 자신의 고유한 법칙을 갖고 있는 어떤 경제영역도 존재하지 않았다. "그의 견해에 의하면, 국가의 부를 지배하는 한 가지 부류의 조건들은 그 국가 전체가 발전하고 있는가, 정체되어 있는가, 아니면 쇠퇴하고 있는가 여부에서 생긴다. 다른 부류의 조건들은 세력균형의 필요성과 함께 [국가의 ― 지은이] 안전과 안보라는 궁극적인 목적에서 생긴다. 또 다른 부류의 조건들은 정부의 정책이 도시와 농촌, 공업과 농업 중 어느 것을 우선시하는가에서 생긴다. 결국 '국민 다수'의 물질적 복지를 의미하였던 부의 문제에 관한 그의 논의는 단지 주어진 정치적 틀 내부에서만 가능하였다(GT, p.111)."

다. 그러한 광신주의는 경제적 자유주의가 지지하였던 일이 갑자기 악화된 결과였다. 즉, 새로운 질서를 형성하는 과정에서 무고한 사람들에게 가해진 수많은 고통과 광범위하고 서로 연관된 변화들이 발생하면서 그에 대한 적극적인 대응이 필요하였다. 자유주의 교리는 오로지 시장경제를 충분히 실행에 옮겨야 할 필요성에 대응함에 있어서 복음주의적 열정을 갖게 되었다.[26]

그와 더불어 경제 과정의 다양한 요소들을 서로 연결하는 개념들이 형성되었다. 케네의 경제에 대한 접근에서 중요한 것은 순생산 내지는 잉여의 개념이다. 그는 비용과 판매가의 차이를 반영할 뿐인 잉여를 토지와 자연의 힘에 존재하는 고유한 속성으로 간주하였고, 그것은 마르크스의 노동에 의한 잉여가치 개념으로 이어졌다. 그렇지만 잉여의 개념은 시장 패턴을 경제 일반에 투사한 것에 불과하였다. 원래 시장경제 이전의 사회에는 비용이나 이윤의 개념이 없었고, 사회생활이란 이윤을 창출하는 행위가 아니었던 것이다. 그렇지만 이제 경제 과정에 그러한 생소한 개념들이 주입되었다.[27]

결국 각각의 상품들이 상호의존 관계를 갖게 되면서 일정한 법칙에 따라 움직이는 가격체계가 발견되었다. 그리하여 경제는 사회 내에서 독립적인 영역으로서, 거슬러서는 안 되는 고유한 원리를 갖는 것으로 간주되었다. 폴라니에 의하면, 경제현상과 시장현상을 일치시키는 것이 처음부터 분명히 논리적으로 잘못되었지만, 그것은 나중에는 실질적인 요구사항이 되었다. 수요·공급에 의한 가격형성 기제도 처음 출현하였을 때에는 '경제법칙'의 예언적 개념에 불과하였으나, 금세 인간의 행위를 구속하는 강력한 힘으로 전환되었다. 이를테면 인간의 노동은 원래 휴식이나 여가와 같이 삶의 자급자족적 과정의 한 요소였지만, 이제 노동력은 토지나 원료 등과 함께 시장에서 자유로운 판매를 위한 상품으로 간주된다. 그와 함께 노동력

---

26) GT, p.135.

27) LM, p.8.

은 수요와 공급에 의해 그 가격, 즉 임금이 결정되게 되고, 이윤을 추구하는 자본가들에게 종속된다. 토지와 노동력이 상품으로 전환되면서 인간사회의 본질도 바뀌게 된다.[28] 물론 시장의 형성은 진화적 결과가 아니라 아래에서 살펴보는 것처럼 복잡한 정치경제학적 과정을 거치지 않으면 안 된다. 아래에서는 사회 구성원 다수에게 가장 중요한 의미를 지니고 또한 자기조정적 시장의 형성에서 가장 마지막 단계를 구성하는 노동시장의 형성과 발전 과정에 대해서 살펴본다.

2. 노동시장의 형성과 발전

1) 역사적 기원

이제까지 언급된 시장경제의 등장과 관련된 각종 정치경제적 문제들은 노동시장의 사례에서 가장 분명하게 드러난다. 이를 위해 폴라니는 무엇보다도 자본주의의 원조인 영국에서 노동력의 이동과 직접적인 연관성이 있는 법적·제도적 장치들의 발전 과정에 대한 분석을 시도한다.

노동시장의 형성은 역사적으로 빈민의 출현에서 시작된다. 폴라니에 의하면 원시시대나 미개사회에서는 빈민의 문제가 존재하지 않았고, 그것은 근대 기계문명에 따른 사회 해체의 결과이다.[29] 특히 15세기 영국에서 대

---

28) LM, p.9.
29) 일부에서는 폴라니가 원시사회를 지나치게 이상화하고 있다고 지적하지만, 그는 현실주의적인 입장을 크게 벗어나지 않는다. 그는 말리노프스키, 투른발트 등 인류학적 연구에 근거하여, 원시사회에서 이윤의 획득을 위한 생산이나 교환이 없다는 것을 강조하지만, 동시에 원시인들이 사적인 이익에 대한 개념이 없다는 견해도 부정한다. 그에게 원시 공산주의의 의의는 경제체제가 개인에게 기아에 대한 위협을 가하지 않는 방식으로 제도화되어 있었다는 데에 있다. 다시 말해 완전한 평등분배가 아니라 사냥, 목축, 경작 등에서 어떤 역할을 하는가와 무관하게 공동의 자원에 대한 일정한 몫이 주어짐으로써 개인의 생존이 보장되었던 것이다. 결국 원시사회에서는 적어도 공동체 전체가 어떤 재앙에 의해 기아상황에 처하게 되지 않는 한, 개인은

대적으로 벌어진 종획운동[30]으로 장원과 같은 봉건적 질서에서 이탈된 사람들이 출현하였다. 사회적 불안을 막기 위해서 정부는 빈민구제를 위한 각종 법규를 제정하였다. 시장경제 초기 영국에서는 노동력의 이동과 직접 관계되는 몇 가지 법규가 있었다. 그것은 세 가지였는데, 첫째 「구빈법」,[31] 둘째 「직인규약」,[32] 셋째 「정주법」[33]이다. 이것은 각기 가난한 자들에 대한 기본적 생활의 보장, 노동의 강제, 이동의 제한을 통해 전통적인 농촌사회의 해체를 막고 노동시장의 출현을 억제하는 데 기여하였다.

가장 중요한 의미를 가진 「구빈법」은 가난한 사람은 사회에서 돌봐야 한다는 기독교 정신에 기반을 두었다. 그것은 1563년 튜터 왕조의 헨리 8세 시기에 극빈자에 대한 지역공동체 차원의 배려를 법적으로 정한 것으로서, 그 이후 몇 차례 수정을 거쳐 1601년 엘리자베스 여왕 때 체계화되었다. 1601년 법안은 그 이후 1834년에 개정되기까지 약 200년여 동안 기능하였다. 「구빈법」은 무엇보다도 극빈자, 노약자, 병약자, 고아 등에 대해서 지역공동체인 교구가 강제적인 조세를 거두어 스스로 자금을 조달하고, 구빈원(workhouse)과 극빈자 감독관을 두게 한 것을 주된 내용으로 하였다. 그와 함께 일할 수 있는 사람에게는 교구가 일자리를 제공하도록 하고, 대신 구걸이나 떠돌이 생활은 중대한 범죄로 간주되어 처벌되었다. 「구빈법」은 극빈자에 대한 구제를 사적인 자선에 맡기지 않고, 국가가 직접 담당하게 되었음을 의미한다.

굶어 죽을 위험이 없다. 이러한 점에서 원시사회가 19세기 사회보다는 더 인간적(humane)이었다는 것이 폴라니의 입장이다(PAME, pp.65~66).

30) 종획운동(縱劃運動, enclosure movement)이란 15세기 이후 유럽, 특히 영국에서 지주가 목축업이나 집약농업을 위해서 개방지, 공동 방목지, 황무지 등에 대해 사유지 경계 표시를 강화하였던 것을 의미한다. 그 과정에서 원래 울타리가 따로 없던 개방된 땅들이 울타리나 담으로 구획되었고, 가난한 농부들이 토지를 잃고 도시 노동자가 되었다.

31) Poor Law(1601).

32) Statute of Artificers(1563).

33) Act of Settlement(1662).

영국에서 극빈자 문제와 관련된 입법화는 종획운동으로 촉발된 사회적 유동성의 확대에 대한 대응이었다. 특히 빈민 유랑자들에 대한 배려는 기독교의 박애 정신에 따른 것이면서도, 좀더 현실적으로 이들의 존재가 사회적 불안정을 내포하였기 때문이다. 대규모 유랑자의 존재는 당시 새로운 국가형태로서 — 특히 엄격한 정치질서를 강조하는 — 절대왕정의 국가 이념적 측면에서도 용납되지 않았다. 그렇기 때문에 노동능력이 없거나 일시적으로 실업상태에 있는 자들에 대해서는 지역공동체에서 책임을 져야 하지만, 노동할 수 있는데도 노동을 하지 않거나 이유 없이 떠돌아다니는 사람들은 사형을 포함하여 엄격한 처벌을 받았다.

「구빈법」이 주로 실직자들에게 적용되었다면, 「직인규약」은 재직자에게 해당되었다. 그 내용은 노동의 강제, 7년간의 견습기간, 정부의 관리들에 의한 연도별 임금평가 등이었는데, 이것은 노동에 대한 국가의 강력한 통제를 의미하였다. 마지막으로 「정주법」은 「구빈법」에 따른 구제활동이 교구마다 다른 상황에서 좋은 교구로 인구가 집중하는 것을 방지하기 위해서 거주 이전을 제한하였다. 이 법에 따르면 주민들은 자신이 태어난 교구에서 살아야 하며, 특별한 경우 치안판사나 교구성직자의 허가를 거친 연후에야 예외적으로 이주가 가능하였다. 특히 빈민으로서 구제를 받아야 하는 부류의 경우에는 원래의 교구로 강제 송환하도록 규정되었다.[34] 이러한 법은 전통사회의 해체를 막는 데 기여하였지만, 동시에 직업 선택과 거주 이전의 자유에 대한 박탈과 강제노동을 수반하였다.

2) 「스핀햄랜드법」

그렇지만 시장의 확대와 자유로운 이주의 요구에 의해 사람들의 지역적 이동은 점차 막을 수 없게 되었다. 특히 산업혁명에 의해 산업의 중심이

---

34) GT, pp.86~87.

영국의 남부에서 북부의 탄전지대로 바뀌어 노동력의 지역적 불균형이 심
화되면서 노동력의 이동에 대한 요구가 제기되었다. 이러한 분위기에서 이
제까지 거주 이전을 제도적으로 규제하였던 「정주법」이 1795년에 마침내
폐지되었다. 다만 과도한 인구 유출이나 밀집 때문에 지역적으로 불안한
상황이 나타나고, 지역적으로 임금이 상승할 가능성이 있었다. 따라서 「정
주법」 폐지의 부정적인 효과를 막기 위한 조치로서 같은 해 「스핀햄랜드
법」[35]이 제정되었다. 폴라니의 표현에 의하면,

　　갑작스런 실업과 교대로 나타나는 산업노동자들의 잦은 유동으로 인하여,
어느 때보다도 농촌 공동체가 해체될 가능성이 커졌다. 그리고 [노동력 유출에
의한 — 지은이] 급격한 임금 상승에서 농촌을 보호할 수 있는 방어장치가 세
워지지 않으면 안 되었다. 사회적 해체로부터 농촌을 보호하고, 농업노동력의
유출을 막으며, 농민에게 과도한 부담을 야기하지 않으면서 농업임금을 인상할
수 있는 방법을 찾아야 했던 것이다. 그 방안의 하나가 스핀햄랜드법이었다.[36]

「스핀햄랜드법」은 사회가 그 구성원들에게 생존을 책임져야 한다는 보
수적인 토리당의 집단주의 내지는 가부장주의 원리에 기반을 두고 있었다.
이 규정의 주된 내용은 공공기금으로 노동자들에게 일정한 수준의 소득을
보장해주는 것이었다. 따라서 규정은 이전의 구빈법들과 유사하게 빈민들
에게 한편으로는 생존의 권리를 보장하고 다른 한편으로 거주 이전을 억제
함으로써, 전통적 사회관계의 보존에 기여하였다. 이것은 정치경제학적 측
면에서 보면, 당시 신흥자본가들이 갈망하고 있던 자유로운 노동시장의 형
성과 노동계급의 출현을 억제하였다.[37]

---

35) Speenhamland Law. 자세한 규정은 GT, p.78. 한편 이 규정의 명칭은 버크셔(Birkshire)의
　 치안판사들이 1795년 5월 6일 뉴베리(Newbury) 근처의 스핀햄랜드라는 지역에 모여 해
　 당 규정에 관한 결정을 내린 것에서 유래한다. 나중에 이 규정은 영국 전역으로 확
　 산되었다.
36) GT, p.94.
37) 그렇지만 당시 자본계급의 이익이 전적으로 부정된 것은 아니었다. 당시 「구빈법」

그렇지만 '노동시장 없는 자본주의 질서'를 형성하려는 이러한 시도는 결국 실패할 운명에 있었다. 먼저 이 제도하에서는 원칙상 일을 하거나 하지 않거나 거의 동일한 소득이 주어지기 때문에 노동에 대한 적극성이 저하되었고 그에 따라 생산성이 감소되었다. 또한 이 제도는 자본가들에게 임금을 낮추는 근거가 되었다. 그와 함께 구제의 대상이 되지 않는 소농이나 노동자들은 빈민으로 전락하는 처지가 되었다. 그것은 해당 법의 실행을 위해 구빈세가 부과되었는데, 이것은 다시 하층민들의 파산과 그에 따른 빈민화를 가속화시켰기 때문이다. 그렇지만 폴라니에 의하면, 「스핀햄랜드법」의 가장 결정적인 문제점은 인간성의 타락이었다. 그것은 일시적으로 거지가 될 경우, 거기에 심리적으로 적응함으로써 일종의 거지 근성이 몸에 배어 거기에서 빠져나오지 못하는 것과 흡사하다.[38]

어쨌든 「스핀햄랜드법」하에서 빈민의 급속한 증가 문제가 제기되었다. 그리고 앞으로 상술할 것처럼 이 문제가 경제에 대한 사회의 개입이라는 가부장주의적 접근방식으로는 해결될 수 없고, 경제 자체의 원리에 따라 해결되어야 한다는 생각이 대두되었다. 결국 1832년 권력을 장악한 부르주아 계급은 1834년 「스핀햄랜드법」을 폐지하고, 「구빈법 개정안」을 관철시켰다. 그것은 빈민에 대한 구제의 범위를 근본적으로 축소하는 것을 주된 내용으로 하였다. 다시 말해 신체적으로 무능력한 빈민만이 구빈원에서 구제하고, 실직 노동자들은 구제 대상에서 제외되었던 것이다.

구빈법 개정으로 기아에 대한 위협이 효과를 발휘하게 됨으로써 대다수가 노동을 하지 않으면 안 되었다. 그에 따라 전국적 수준에서 노동력 이동을 통한 자유로운 노동시장이 형성되었다. 그와 함께 농민들도 점차 노동계급으로 전환되었다. 이들은 '자신의 집, 종족, 뿌리, 그리고 모든 중요한 환경'에서 분리되어 사회 내에서 떠돌이와 같은 처지에 있게 되었다.[39]

하에서 노동자들이 조직화될 경우 임금 상승을 가져올 수 있었기 때문에, 그것을 막기 위해서 「반조직법(Anti-Combination Laws: 1799~1800)」을 제정했다(GT, p.83).
38) GT, pp.97~100.

결국 개별 노동자들의 입장에서 보면, 노동시장의 형성으로 인해 얻을 수 있
는 경제적 이익이 거기에 수반되는 사회적 손실을 보상하지는 못하였다. 따
라서 새로운 형태의 노동보호 조치들이 취해지지 않으면 안 되었다. 그것은
공장법이나 사회입법, 그리고 산업노동자들의 노조 조직화와 계급운동 등의
형태로 나타나게 된다. 그렇지만 폴라니의 시각에서는 1834년 「구빈법」 개
혁 이후 19세기에는 시장의 논리가 결정적으로 작용하였다. 즉 「스핀햄랜드
법」의 포기는 근대적 노동계급과 산업자본주의의 출현을 의미하였다.

폴라니에 의하면, 어떤 시장경제도 노동시장을 포함하지 않고는 생각할
수 없었다. 봉건적 농노들은 처음에 자영농이 되었으나, 나중에 그들의 소
작관계는 해체되었고, 결국 시장에서 노동력을 팔지 않으면 안 되는 도시
프롤레타리아트로 전락하였다. 즉 배고픔과 같은 욕구의 충족에 필요한 수
입을 얻기 위해서 개개인은 시장에서 노동력을 팔고, 또 시장에서 생존에
필요한 물자를 구매해야만 했다. 노동력의 상품화와 함께 이전의 자급자족
적 생산양식은 파괴되었고, 교환을 위한 상품 생산이 그것을 대체하게 되
었다. 이처럼 생존에 필요한 물자들이 시장에서 조달되면서 전통적인 생필
품 공급방식과 사회적 관계도 해체되었다. 자본가의 입장에서는 노동자들
에게서 한편으로 노동력이라는 생산요소를 시장에서 안정적으로 공급받고,
동시에 그들에게서 자신이 생산한 상품에 대한 신뢰할 만한 수요를 확보할
수 있게 되었다.[40)]

3) 이론적 합리화

노동계급의 형성과 관련하여 많은 이론가들의 고민은, 빈민구제와 산업
화에 필요한 값싼 노동력 조달 사이에 존재하는 모순을 처리하는 것이었

---

39) GT, p.83.

40) J. Ron Stanfield, *The Economic Thought of Karl Polanyi: Lives and Livelihood*(New
   York: St. Martin's Press, 1986), pp.95~96, PAME, p.57.

다. 다시 말해 기계문명의 발전에 의해 사회가 분해되는 과정에서 발생하
는 빈민들에 대한 기본적인 생존을 보호하면서 동시에 그들의 노동의욕을
어떻게 유지시킬 것인가 하는 문제이다. 앞서 언급한 것처럼 빈민구제를
위한 각종 제안과 실험이 18세기와 19세기 초에 걸쳐서 시도되었다. 그와
함께 이론적 논쟁도 전개되어 「스핀햄랜드법」의 시기에 시장경제의 초기
이론들이 형성되었다. 그 결과 가부장적 규제와 시장경제가 공존하는 현실
로 인해 당시 경제이론은 상당히 혼란스러웠지만, 점차 시장주의적 방향으
로 정립되어 갔다.

폴라니는 타운센드(Joseph Townsend)[41]의 「구빈법에 대한 논문(Dissertation
on the Poor Laws)」을 노동시장의 이론적 합리화를 위한 중요한 출발점으로 삼
는다. 타운센드는 빈민들을 일하도록 자극하고 부추기는 것은 오로지 배고
픔뿐이라고 주장하였다. 그는 섬에 풀어놓은 염소와 개의 증식을 비유하면
서,[42] 자연 상태에서 적자생존의 법칙과 마찬가지로 인간의 경제생활에도
이와 유사한 논지를 전개함으로써 최초로 인간사회에 자연의 법칙을 도입
하였다. 이러한 관점에서 본다면, 구빈법은 빈민들의 배고픔을 없앰으로써
그들을 일하지 않게 만들고 있다. 그에 의하면 자유로운 사회는 재산 소유
자와 노동자로 구성되어 있다. 그런데 노동자의 수는 먹을 것에 의해 제약
을 받고 재산권이 안전한 이상, 배고픔이야말로 노동자를 일하도록 만들
것이다. 타운센드에 의하면, (정치적) 국가와 구분된 (경제적) 사회가 서로
별개로 존재하며, 사회에서는 배고픔과 같은 인간의 생물학적 속성이 주어

41) 조셉 타운센드(1739~1819)를 말함.
42) 그 이야기는 대략 다음과 같다. 소설 로빈슨 크루소의 무대이기도 한 칠레 해안에
있는 한 섬에 스페인의 항해가 후안 페르난데스(Juan Fernandez)가 염소를 방목하였
다. 염소의 수가 급속히 증가하여 영국 해적들의 식량이 되자, 해적들의 괴롭힘을
당하던 스페인 당국이 염소들을 제거하기 위해 암수 개 한 쌍을 풀어놓았다. 개의
숫자가 급속히 늘어났지만 일정한 기간이 지나자 염소와 개의 숫자가 균형을 이루
게 되었다. 염소의 수는 자신들을 먹이로 하는 개의 숫자에 의해, 그리고 개는 식량
이 될 염소의 숫자에 의해, 각각 그 번식이 제한됨으로써 균형이 이르게 되었던 것
이다. 결국 그 균형이란 배고픔의 고통과 식량의 희소성에 의해 유지된 셈이었다
(GT, p.112~113).

진 기반이 된다. 이러한 상황에서 빈민 구제에 관한 국가의 개입은 불필요
할 뿐만 아니라 부작용을 가져온다. 타운센드의 입장은 폴라니의 다음과
같은 인용문에 그대로 반영되고 있다.

굶주림은 가장 사나운 짐승들도 길들일 것이고, 가장 성미가 비뚤어진 자들
에게 예의와 시민성, 복종과 종속을 가르칠 것이다. 일반적으로 그들을 자극하
여 일하게 만드는 것은 오직 굶주림뿐이다. 그런데도 우리의 법은 그들을 굶게
하지는 않겠다고 말해왔다. 그러면서, 고백컨대, 법은 마찬가지로 그들을 일하
게 강제할 것이라고 말해왔다. 그렇지만 법적인 강제는 많은 갈등, 폭력, 그리
고 소란을 수반하고, 악의를 야기하며, 수용할 만큼 좋은 노동을 결코 산출할
수 없다. 굶주림이야말로 평화롭고, 조용하며, 지속적인 압력이 될 뿐만 아니라
근면과 노동의 가장 자연스런 동기로서 강력한 힘을 발휘한다.[43]

타운센드의 — 폴라니가 자연주의(naturalism)이라고 부르는 — 입장에서는
사회의 도덕적 측면이 사라지고, 아담 스미스의 인간주의적 기반도 사라지
게 되었다. 빈민문제에 대한 타운센드의 이러한 주장은 후에 맬서스(Thomas
Robert Malthus)[44]의 인구론과 다윈의 자연도태설로 이어졌다.

한편 영국의 정치가이며 이론가인 버크(Edmund Burke)[45]는 빈민과 실업
자의 문제를 공공의 안전이라는 시각에서 접근하였다. 그에 의하면 빈민들
에게 적절한 생활조건이 마련되지 않으면 공공의 안전에 위험이 될 것인
데, 그에 대한 대응책으로써 행정적 방식보다는 시장적 요소가 바람직하다
는 것이다. 특히 그는 교구가 빈민들을 관리하는 것보다는 사업주들에게
맡겨두는 것이 더 효과적이라고 주장하였다. 그것은 사업주가 고용된 빈민

---

43) GT, p.113.
44) 맬서스(1766~1834): 영국의 경제학자, 사회학자. 근대인구론의 선구자. 특히 식량
   에 비해 인구가 급증하기 때문에 빈곤은 불가피하다고 주장함.
45) 버크(1729~1797): 영국의 정치이론가 및 정치가. 초기에 휘그당의 입장에서 정당
   의 중요성에 대한 역설, 왕권의 제한 등 자유주의적 개혁을 주도하였으나 말기에는
   프랑스 혁명에 대한 반대 등 유럽 보수주의자들의 대표격이 됨.

들을 정부나 교구보다 더 지속적이고 꼼꼼하게 통제할 수 있기 때문이다. 정부의 관리들에 의한 임금의 평가, 일할 능력이 있는 실업자들에 대한 보조, 최저임금제도, 생존권의 보장 등이 있어서는 안 된다. 다시 말해 외부에서 노동력을 보호하지 말고 있는 그대로 내버려 두어야 하며, 시장에서 일정한 가격에 매매되는 상품으로 다루어야 한다. 이러한 의미에서 「구빈법」은 폐지되어야 하는 것이다.[46] 시장에 의해 빈민을 관리하자는 버크의 주장은 공리주의자 벤담(Jeremy Bentham)[47]으로 이어졌다. 그도 노동자들로 하여금 열심히 일하게 하기 위해서는 배고픔이라고 하는 신체적 조치의 힘만으로 충분하며, 정치적인 조치는 불필요하다고 주장하였다.

그렇지만 폴라니에 의하면, 당시 노동자들이 겨우 생존을 유지하는 정도로 임금이 낮게 유지되었던 것은 맬서스와 같은 자연주의 이론가들이 주장하는 것과는 다른 이유에서였다. 맬서스는 인구의 증가가 기하급수적으로 증가하고 토지의 수확체감법칙에 의해 식량이 부족하기 때문에 임금은 겨우 생존의 수준에서 결정된다고 하였다. 그렇지만 폴라니에 의하면 실제 당시 저임금의 원인은 「스핀햄랜드법」에 의해 구빈원에서의 보조가 있었기 때문이다. 스핀햄랜드 체제가 아직 노동시장이 없는 자본주의였는데도 당시의 고전 경제이론은 마치 경쟁적 시장경제가 존재하는 것처럼 현실을 묘사하였던 것이다. 생산의 가장 중요한 요소인 노동과 관련하여, 실제 당시에는 아직 초기적 단계에 있는 시장경제와 가부장적 규제주의라고 하는 서로 배타적인 체제가 동시에 작동하였다. 따라서 가격, 소득, 생산 과정, 이윤, 임금, 이자 등 경제적 범주들에 대해서 일관적이고 통일적으로 설명할 수 없었다.

그런데도 고전 경제학자들의 대안은 향후 시장경제에 대한 설명에서 중요한 영향을 끼치게 된다. 사람들은 점차 시장경제를 지배하는 법칙을 이

---

46) GT, pp.116~117.

47) 벤담(1748~1832): 영국의 철학자, 법학자. 사회의 도덕적 선의 척도로서 최대다수의 최대행복이라는 공리주의(功利主義) 철학원리를 제시한 것으로 유명.

해하게 되면서 시장의 법칙에 일종의 자연법칙적 권위를 부여하게 되었던 것이다. 이를테면 수확체감의 법칙은 식물의 자연법칙이었고, 맬서스의 인구법칙은 인간과 자연의 생산성에 관련된 법칙이었다. 그것은 앞서 언급한 타운센드의 염소와 개의 경우와 같은 원리였다. 다시 말해 인구의 수는 식량의 공급에 의해 자연적인 제한이 주어진다는 것이다. 맬서스에 의하면 마치 식량이 없는 개가 굶어죽는 것처럼, 남아도는 종(種)은 생존할 수 없다. 사회는 자연법칙의 냉혹한 규칙을 따를 수밖에 없고, 그것은 바로 정글의 법칙으로 이해되었던 것이다. 이론적으로 이것은 사회가 인간의 규칙이 아닌 다른 규칙에 종속되는 것을 의미하였고, 결국 이러한 사고는 그 이후 주류 경제이론의 인식론적 기반이 되었다.[48]

고전 경제학의 중요한 이론가인 리카도(David Ricardo)[49]도 구빈법의 철폐를 적극 주장하였다. 다만 폴라니에 의하면, 그의 이론에는 타운센드 등의 경직된 자연주의적 요소와 함께 그것을 상쇄해주는 한 가지 인간주의적 요소가 포함되어 있었다. 그것은 바로 노동가치설이다. 그는 아담 스미스의 노동가치설을 완성하여, 노동을 상품가치의 유일한 구성요소로 간주하였다. 그 결과 경제에서 모든 거래는 자유로운 인간들의 평등한 교환이라는 원칙이 성립되었다. 그러면서도 리카도는 자연주의적 전통의 연장선에서 '임금은 노동자들이 겨우 살 만한 수준에서 안정되는 경향을 보인다'는 소위 '임금의 철칙'을 제기하였다. 리카도에게 자연주의와 인간주의가 역동적으로 결합됨으로서 경쟁적 시장의 형성에 대한 강력한 추진력이 생겨나게 되었다. 특히 노동시장의 형성은 불가항력적인 것으로 간주되고, 여기서 자연스럽게 구빈법 폐지에 대한 요구로 이어졌다.[50]

사회가 인간의 법칙이 아닌 일종의 정글의 법칙에 따라 움직이는 현실에

---

48) GT, pp.125~126.
49) 리카도(1772~1823): 영국의 경제이론가. 한 상품의 가치는 생산에 필요한 노동의 함수라는 노동가치설을 주장하고, 국제무역과 관련하여 국가 간 무역이 서로에게 이익을 가져온다는 비교우위론을 제창함.
50) GT, pp.126~127.

대한 비판은 마르크스[51])에 의해 대표적으로 이루어졌다. 그렇지만 폴라니에 의하면 마르크스 경제학도 기본적으로 사회를 자연의 법칙에 의해 재구성하려는 시도이며, 따라서 결국 실패할 운명에 있었다. 그것은 마르크스 경제학도 리카도 이후 자유주의 경제학의 전통, 다시 말해 경제결정론적인 입장에서 벗어나지 못하였기 때문이다. 또한 마르크스는 착취의 개념을 통해서 산업사회의 부와 결핍의 관계를 설명하려고 하였다. 이에 반해 폴라니에게 (그러한 측면을 부정하는 것은 아니지만) 더 중요한 관심은 전면적인 사회적 와해(social dislocation)이다.[52]) 다시 말해 사회의 가치관이 생존동기에서 이윤동기로 전환되고, 그와 함께 인간과 자연의 실체가 상품으로 전환됨으로써 인간의 사회적 관계가 와해되고 생존의 근거로서 자연이 사멸될 위험에 처하게 되었다. 이러한 폴라니의 시각에서 본다면 마르크스는 문제를 너무 편협하게 본 셈이다.

폴라니는 오히려 마르크스가 공상적 사회주의자로 비판하였던 오웬(Robert Owen)을 매우 높이 평가한다.[53]) 그것은 누구보다도 오웬이 산업사회의 전면적 문제를 인식하고 특히 국가와 사회의 구분이 갖는 의미를 가장 잘 이해했다고 보기 때문이다. 이와 관련하여 폴라니가 특히 주목하는 것은 그가 하나의 실체로서 사회 현실(social reality)을 중시하였다는 점이다. 오웬에게 인간의 동기는 — 위에서 언급한 것처럼 맬서스나 타운센드 등이 제기한 자연주의적 입장이 전제로 하고 있는 — 어떤 생물학적인 것이 아니라, 사회적인 것에서 기원한다. 그에 따르면, 사회는 실제적이며 개인의 자유도 그러한 사회적 측면에서 접근해야 한다.[54]) 따라서 모든 책임을 개인에게 돌리고, 사

51) 마르크스(1818~1883): 독일의 사회사상가. 유물론적 역사해석, 계급투쟁이론, 이윤율 저하 법칙에 의한 자본주의 몰락의 필연성 등을 통해 사회주의 이론을 정립함.
52) 마르크스의 계급 중시와 달리 폴라니의 사회중시에 대해서는 이 책의 제5장 2절의 '사회의 자기보호'에서 상술.
53) 오웬(1771~1858): 영국의 사회개혁가, 사회주의자, 협동조합 운동의 선구자. 오웬에 대한 언급은 『대전환』의 도처에서 나타나는데, 주로 GT, pp.127~129, GT, pp.167~172, GT, pp.258A~258B.
54) GT, p.258A.

회 현실과 그것이 갖는 강력한 힘을 부정하는 기독교의 '개인화' 경향은
적절하지 못하다. 이러한 맥락에서 그는 영국의 무정부주의 이론가 고드윈
(William Godwin)[55])과는 달리 공동체에 대한 해악을 제거하기 위한 국가의
개입과 그것의 중립적 성격에 대해서 긍정적으로 평가하였다. 폴라니에 의
하면,

> 오웬이 기독교를 초월하여 그 너머의 위치에 도달하게 된 것은 사회의 발견
> 이었다. 그는 사회는 실제적이기 때문에 인간은 궁극적으로 거기에 순종해야
> 한다는 진리를 파악하였다. 그의 사회주의는 사회 현실에 대한 인식을 통해서 도
> 달할 수 있는 인간의식의 개조에 바탕을 두고 있다고 볼 수 있다. 그는 '인간
> 이 곧 얻게 될 새로운 힘에 의해 어떤 악의 근원이 제거될 수 없다면, 그 악은
> 필요하고 또 불가피한 것이라는 점을 알게 될 것이다. 따라서 쓸데없이 어린애
> 처럼 불평하는 일도 없어지게 될 것이다'고 썼다. 오웬은 [인간이 얻게 될 —
> 지은이] 새로운 힘에 대해서 과장된 생각을 갖고 있었는지도 모른다. …… [그
> 렇지만 — 지은이] 더욱 중요한 것은 그가 가리켰던 자유의 경계선이었는데, 그
> 것은 사회에서 악이 없게 하기 위해서 필요한 제약에 의해 설정되었다.[56])

오웬의 시각에서 볼 때, 산업사회는 그대로 내버려둔다면 환경, 이웃, 공
동체에서 인간의 지위를 파괴하고 말 것이다. 산업사회에서 사회 전체가
이윤과 이익 동기에 기반을 두게 되면서, "정착민의 전통적 성격이 파괴되
었고, 이들은 자존심과 규율이 결여된 떠돌이와 같은 새로운 유형의 인간
으로 변화되었다. 거칠고 무감각한 존재로서 노동자와 자본가 모두 그 예
에 속한다."[57]) 그에게 산업사회의 문제는 단순히 저소득과 같은 경제적 문
제가 아니라, 자신의 생존을 위해 공장노동에 의존하는 데서 오는 삶의 질

---

55) 고드윈(1756~1836): 영국의 사상가, 정치철학자. 인간이 본디 합리적이고 이성적
   인 존재이기 때문에 법과 제도가 없이 조화롭게 살 수 있다는 무정부주의 사상을 대표.
56) GT, p.128.
57) GT, p.128.

적인 타락과 같은 사회적 문제이다. 산업사회는 인간의 사회, 이웃, 그리고 공동체에서 자신의 위치, 그리고 인간의 기능을 파괴하고 있다. 즉, 이전에 인간의 경제적 존재가 종속되어 있던 자연과 인간의 관계들이 파괴됨으로써 엄청난 사회적 와해가 일어나고 있는 것이다. 가난은 이러한 현실의 경제적 측면에 불과하다. 오웬의 이러한 사회적 내지는 통합적 접근은 문제 해결 방안에도 그대로 반영된다. 즉, 시장제도에 내재된 이러한 경향들은 입법에 의한 개입과 같은 의식적인 지도를 통해 억제해야 한다는 것이다. 그와 함께 그는 협동조합이나 노동조합 등을 통한 포괄적인 신사회운동의 전개를 주장하였다.

다만 폴라니의 입장에서 볼 때, 경제에 대한 사회적 개입이 시장체제 자체와는 양립할 수 없다는 것을 오웬은 예측하지 못하였다. 실제 19세기, 그리고 그 이후에도 한편으로 시장의 계속적인 팽창과 함께 사회를 보호하려는 반발 내지는 개입이 병존한다는 의미에서 이중적인 운동이 계속되었다. 그렇지만 다음에서 상술하는 것처럼 이중운동이 갖는 내재적 모순 때문에 시장경제는 훼손되었고, 그것은 20세기 초에 가시화되었다.

제5장

시장경제의 이중운동

1. 사회의 해체

1) 사회에서 경제의 분리

앞에서는 시장경제가 형성되는 역사적·이론적 전개 과정을 살펴보았다. 시장경제는 무엇보다도 경제가 사회로부터 제도적으로 '분리되어(disembedded)' 독자적인 영역을 갖는다는 점에서 특징적이다. 이것은 경제의 개별 구성요소들이 자기조정적 시장에 의해 매개된다는 것을 의미한다. 그뿐만 아니라 사회의 다른 요소들까지도 자기조정적 시장의 원리에 따를 수밖에 없다. 시장에서의 수요·공급 법칙이 자원 배분의 지배적인 원리가 되면서 기존의 사회적 조직이 해체되고, 사회의 각 구성요소들은 시장의 불안정성에 노출된다. 이를테면 노동력의 판매에 의존해서만 생존을 유지해야 하는 체제에서 인간은 포괄적인 사회제도들의 보호막을 상실하게 된다. 자연은 환경오염으로 파괴되어 식량과 원료의 생산능력을 갈수록 잃어가는 운명에 처하게 된다. 또한 화폐가 시장에 의해 관리되면서 그것의 부족과 과다는 원시시대의 홍수나 가뭄과 같이 경제에 재앙을 가져다줄 수도 있다.[1] 시장경제의 등장은 인간과 자연의 운명을 바로 인간이 아닌 시장의 자기조정적 기능 자체에 맡겨두는 셈이다.

자기조정적 시장은 사회 조직뿐만 아니라 인간의 의식에도 근본적인 변화를 수반한다. 폴라니에 의하면,

> 일단 인간의 일상적 활동들이 다양한 종류의 시장에 의해 조직되고, 이윤동기에 기반을 두며, 경쟁적 태도에 의해 결정되고, 공리적 가치 기준에 의해 지배되면, 그 사회는 모든 본질적 측면에서 이득의 목표에 종속되는 유기체가 된다. 따라서 현실에서 경제적 이득의 동기가 절대화되면서 인간은 그것을 다시 심리적으로 상대화시킬 수 있는 능력을 상실한다. 인간의 상상력은 마비되고 제한받는다. 인간에게 경제라는 단어는 자신의 삶에 대한 상(像)이나 그것의 보장을 돕는 기술을 생각나게 하지 않는다. 그 대신 인간은 자신이 경제적으로 합리적이라고 부르는 데 익숙한 일련의 특별한 동기, 특별한 태도, 그리고 극히 구체적인 목적을 상기시킨다.[2]

시장경제에서 사회적 존재로서 인간의 본질은 부정되고 점차 경제적 측면이 우위를 차지하게 된다. 원래 다양한 동기와 속성을 갖는 총체적 존재로서 인간은 부정되고, 각각 서로 구분된 요소들로 해체되며, 그 가운데 경제적 요소가 지배적인 위치를 차지하게 된다. 인간은 이제 경제적 인간 (Homo Economicus) 내지는 합리적 경제인으로 규정된다. 결국 자기조정적 시장경제는 바로 인간을 '시장 내에서의 개인들'로 전환시킴으로써 삶을 협소하게 규정하며, 사회적 존재로서 인간이 가지는 자유를 제약한다.[3] 폴라니가 지적하는 시장경제의 파괴적 성격은 궁극적으로 사회의 해체에 대한 위협으로 나타난다.

---

1) GT, p.73.

2) LM, p.xlvi.

3) 경제에 의한 사회의 지배는 인간관계를 기본적으로 물질적 내지는 상품적인 관계로 전환시킨다는 점에서 마르크스의 상품 물신성(commodity fetishism)과 매우 유사한 의미를 가진다. 여기에 관한 자세한 논의는 Özel(1997) 참조.

2) 허구적 상품과 사회의 해체

자기조정적 시장이 기능하기 위해서는, 앞서 언급한 것처럼, 가장 기본적 생산요소인 노동, 토지, 화폐가 허구적 상품으로써 시장에서 교환되지 않으면 안 된다. 그런데 노동, 토지는 각각 인간 자신 및 자연과 직접 연관되며, 모든 사회와 인간 존재의 가장 기본적인 구성요소이다. 이것은 노동, 토지, 화폐의 상품화가 사회의 해체를 위협할 수밖에 없음을 의미한다.

먼저 노동의 상품화이다. 자기조정적 시장은 인간의 삶과 관련된 다양한 행위들로부터 노동을 따로 떼어내어 시장의 법칙에 종속시킨다. 그와 함께 일종의 유기체적 형태로서 인간의 존재는 사라지고, 원자화되고 개체화된 형태로 전환된다. 이를테면 시장의 중요한 원칙으로서 계약의 자유는 종족, 이웃, 업종, 교의 등에 바탕을 둔 비계약적 조직들의 해체를 내포하고 있다. 자기조정적 시장은 유기체로서 사회적 공동체가 제공하는 기존의 보호막을 제거하고, 개개인을 기아의 위협으로 내몰아 노동시장에서 노동력을 팔지 않으면 생존할 수 없도록 한다.4) 특히 자기조정적 시장에서 상품으로서 노동력에 대한 가격, 즉 임금은 수요와 공급에 따라 변화될 것으로 기대된다. 이것은 노동자들에게는 시장의 변화에 대한 전적인 의존을 의미한다.

> 그러한 시장[노동시장 — 지은이]은 가격과 함께 임금이 하락할 때 자신의 목적에 부합할 수 있을 것이다. 인간과 관련하여 그러한 조건은 노동자들에게 극단적인 소득의 불안정성, 직업적 권위의 전적인 부재, 무차별적인 해고의 비참한 감내, 시장의 변덕에 대한 전적인 의존을 의미하였다. 미제스(Ludwig Edler von Mises)5)는 만일 노동자들이 '노조지도자들과 달리 행동하고 그들의

---

4) GT, pp.163~164.
5) 미제스(1881~1973): 신고전학파의 대표적인 인물. 1920년대 사회주의의 이론적 한계를 제시한 것으로 유명. 정부의 경제적 개입이 갖는 오류를 지적하고 자유시장을 옹호.

요구를 줄이며 노동시장의 요구에 따라 지역이나 직종을 바꾼다면 결국은 일자리를 찾을 수 있다'고 맞게 주장하였다. 이 주장은 노동이 상품의 성격을 갖는 조건에 바탕을 둔 체제하에서의 노동의 위치를 요약하고 있다. [노동—지은이] 상품은 판매를 위해 어디에 공급될 것인가, 어디에 사용될 것인가, 얼마에 교환될 것인가, 어떻게 소비되고 파손될 것인가를 스스로 결정하지 못한다.6)

그리고 앞서 언급한 것처럼 대규모의 값비싼 기계와 설비를 바탕으로 하는 공장제 공업의 발전이 자기조정적 시장의 형성에서 중요한 전제였다. 이것은 인간의 노동에도 중요한 변화를 뜻한다. 물론 인간의 역사에서 기구나 기계는 오랫동안 사용되어 왔다. 다만 산업혁명으로 공장제 공업이 발전하기 이전에 기계(도구)는 인간의 신체적 한계를 보완하거나 숙련도를 높이는 정도에 그쳤다. 그렇지만 공장제 생산에서 인간의 노동과 기계는 전적으로 다른 관계를 갖게 된다. 기계는 인간의 노동을 대체하게 되고, 인간은 기계의 보조적인 역할만을 담당하게 된다. 이것은 새롭게 출현한 근대적 산업노동자들의 정서적·사회적 본질을 규정한다.

기계제 생산에 따른 대규모 생산체제는 노동시장에도 구조적 결정요인으로 작용한다. 그것은 특히 경기변화로 대규모 실업자들을 양산하는 기반이 된다. 산업혁명 초기에 사회불안의 요소로 간주되었던 대규모 떠돌이 빈민이란 — 비록 당시 사람들은 그 원인을 알지 못하였으나 — 바로 이러한 실업자들이었다.7) 상품화된 노동력은 혹사당하거나 아니면 실업상태에서와 같이 전혀 사용되지 않기 때문에, 그것의 담지자로서 인간은 고통을 받

6) GT, p.176.
7) 18세기 후반 영국에서 빈민(실업자)의 급속한 증가 원인과 관련하여 폴라니는 독특한 분석을 하고 있다. 즉 7년간 벌어진 영국과 네덜란드 사이의 전쟁 이후 영국의 무역량이 크게 요동을 친 것이 대규모 빈민의 발생을 가져왔다는 주장이다. 다시 말해 당시 사람들에게는 분명히 드러나 보이지 않았지만, 무역량의 두드러진 변동과 그에 따른 경기상승 및 하락에 의해 고용과 실업이 반복되었던 것이다(GT, pp.91~92). 폴라니의 이러한 분석은 오늘날 국제적 수준의 개방화가 한 사회의 매우 유동적인 고용상황과 그에 따른 실업률 상승의 중요한 요인이 될 수 있음을 시사해주고 있다.

지 않을 수 없다. 결국 시장경제에서 인간은 기존의 사회적·문화적 제도들의 보호막을 상실하게 되고, 각종 병폐·타락·범죄·기아 등에 의한 사회적 일탈의 희생물이 될 것이다.

시장의 파괴적 기능은 자연에 대해서도 무차별적이다. 전통적으로 토지와 노동은 불가분의 관계를 가졌다. 그것은 자연과 인간이 불가분의 관계를 갖는 것과 같다. 토지의 사용은 종족과 사원, 마을, 길드, 교회 등 공동체적 조직과 굳게 결합되어 있었다. 토지는 경제적 기능 이외에도 인간의 삶에 안정성을 부여하고, 인간의 서식처가 되며, 인간에게 신체적 안전의 조건이면서 아름다운 경치이기도 하다. 그런데 폴라니에 따르면, 토지를 인간과 분리하여 부동산 시장이 형성되도록 하는 것은 시장경제의 중요한 유토피아적 관념의 일부이다.

토지가 상품화되면서 인간의 존재에 대해 가졌던 자연의 다양한 기능도 제거되었다. 무엇보다도 자연은 시장기제에 의해 지배되면서 훼손될 수밖에 없다. 환경오염 때문에 아름다운 경치가 사라질 뿐만 아니라, 식량과 원료를 생산할 능력도 파괴될 운명에 처한다.[8] 토지의 상품화는 식량이나 원료 등 토지 생산물의 상품화와도 긴밀한 관계가 있다. 도시 노동자들의 생존이 수요와 공급에 따른 임금변동의 영향 아래 있게 되는 것처럼, 토지 생산자들의 생존도 시장에서 토지 생산물의 가격변동에 의존하게 된다. 이처럼 한 사회의 생존에 경제적으로뿐만 아니라 사회문화적으로 중요한 의미를 갖는 농업생산과 거기에 종사하는 계층의 존립이 불확실해지면서, 사회 전체의 안정성이 크게 위협받게 되었다.[9]

마지막으로 허구적 상품의 하나로서 화폐(자본)의 문제이다. 화폐는, 앞

---

8) 토지 사용을 산업사회의 용도에 종속시키는 일은 크게 세 단계로 진행되었다. 첫째는 토지의 봉건적 수입으로서 지대의 활용도를 높이는 것, 즉 토지를 상업화하는 것이다. 둘째는 식량과 유기체 원료의 생산을 강화하여 전국적으로 급속히 증가하는 산업인구의 욕구를 충족시키는 것이다. 셋째는 이러한 잉여생산 체제를 식민지에 확대하는 것이다. 이로써 토지와 그 생산물은 자기조정적 세계시장 체제에 흡수된다.

9) GT, pp.178~191.

서 언급한 것처럼, 경제활동의 중요한 매개수단으로서 오랜 역사를 가지고
있다. 다만 화폐도 원래 생산된 것은 아니며, 은행이나 국가재정을 통해 창
출된 것에 불과하였다. 이것은 자본주의 이전 화폐는 단순히 교환 수단으
로만 기능한 것이 아니라, 구매력의 상징으로서 신용관계에 따라 생산과
소비 담당자에게 제공되었음을 의미한다. 화폐의 공급에서 신용관계가 중
요하다는 사실은 화폐가 사회적 관계에 종속되어 있었다는 것을 의미한다.
그런데 이제 시장경제에 상응하는 통화제도인 금본위제하에서, 통화량이
한 사회가 보유하고 있는 금의 양에 의존하게 되면서 자기조정적 시장의
규율에 종속되었다. 즉, 무역 상황에 의해 보유하는 금의 양이 변화하면,
공급되는 통화량도 달라질 수밖에 없게 된 것이다. 결국 공급되는 통화량
이 자기조정적 시장 원리에 종속됨으로써, 토지나 노동의 소유자로서 농민
이나 노동자와 마찬가지로, 자본가의 존재도 매우 불확실한 상황에 처하게
되었다.[10] 특히 화폐에 의한 구매력이 시장에 의해 지배되면서 주기적으로
기업들은 파산될 수밖에 없게 되었다.

폴라니에 의하면, 시장화의 부정적인 결과는 소득이나 생활 수준의 향상
내지는 하락과 별 상관이 없다. 문제는 산업사회의 생산구조와 통제되지
않은 시장에 의해 공동체 조직이 해체되고, 따라서 개인의 삶이 불안정하
게 되었다는 데에 있다. 사회 구성원들 가운데 노동자들은 굶주림에 대한
공포에 의해, 자본가들은 이윤 추구라고 하는 사회적으로 강제된 동기에
의해 경제활동에 참가하게 되면서 사회는 분열되었다. 다시 말해 일부는
생존을 위해 노동의 판매에 의존하고, 일부는 경쟁에서의 생존 조건으로서
이윤의 추구에 의존하게 되었다. 그 결과 원래 인간의 물질적 욕구 충족을
위한 사회적 행위로서의 경제활동은 기존의 사회적 관계와 의무에서 벗어
나게 되었다. 결국 사회적 재앙은 경제현상이 아니라 바로 문화현상이다.
폴라니에 의하면,

---

10) GT, p.192ff.

종종 상정되는 것처럼 경제적 착취가 아니라, 희생자의 문화적 환경의 해체가 바로 쇠락의 원인이다. 물론 경제 과정이 파괴의 수단을 제공할 수는 있고 또한 거의 불가피하게 경제적 열위는 약자를 항복하게 할 것이지만, 약자가 몰락하는 직접적인 원인은 경제적 이유 때문이 아니다. 그 이유는 바로 자신의 사회적 존재가 구현되는 제도들이 치명적으로 손상되는 데에 있다. 그 결과는 자존심과 규범의 상실이다. ……11)

3) 식민지 사회에 대한 충격

산업화가 초기 자본주의 유럽의 여러 사회계급에게 가져온 파멸적인 결과는, 제국주의 지배에 의해 변화를 강요받은 식민지 원주민들에게 유사하게 반복되었다. 앞서 언급된 것처럼 유럽에서는 자기조정적 시장의 형성 과정에서 전개된 종획운동과 빈민법의 폐지 등 조치들을 통해 개개인의 생존을 보장하던 기존의 사회적 네트워크가 제거되었다. 동일한 목적으로 제국주의자들은 식민지에서 공동체를 파괴하는 데 주력하였다. 이를테면 노동시장의 형성을 위해 사회구조 자체를 파괴하는 일이 식민지에서도 반복되었던 것이다. 무엇보다도 인위적으로 식량부족 상황을 만들기 위해 주식이 되는 작물을 베어내거나 과도한 조세를 부과하여, 원주민들이 생존을 위해서 노동력을 팔지 않으면 안 되도록 하였다.

식민지 지배의 의미와 관련하여 폴라니는 경제적 착취에 한정해서 설명하는 경제주의적 편견에 반대한다. 오히려 중요한 것은 서구문화의 충격 내지는 문화적 갈등에 의해 전통문화의 해체와 그에 따른 '문화적 공백'과 생활의 타락이었다. 서구문명과의 접촉에 의해 원주민들의 문화적 요소들은 쇠락하고, 그들의 정치적·사회적 생존조건은 파괴되었다. 원주민들에게 자신의 문화는 더 이상 어떤 노력이나 희생을 치를 만한 대상이 되지 못했고, 이들은 인종차별이나 편견 때문에 백인 침략자들의 문화에도 적절히

---

11) GT, p.157.

참여하지 못했다. 문제의 근원이 착취보다는 문화의 쇠락에 있다는 점에 대해서 폴라니는 다음과 같이 말하고 있다.

원주민 공동체의 재앙은 희생자들의 기본적인 제도들이 급속하고 폭력적으로 파괴된 직접적인 결과이다(그 과정에서 물리적 폭력의 사용 여부는 전적으로 중요하지 않은 것 같다). 이러한 제도들이 파괴된 원인은 바로 전적으로 다르게 조직된 공동체에 시장경제가 억지로 떠맡겨졌기 때문이었다. 그와 함께 노동과 토지는 상품으로 전환되었고, 이러한 방법에 의해 유기적인 사회의 모든 문화적 제도가 그저 간단히 파괴되고 말았다.[12]

폴라니에 의하면 식민지 통치 과정에서 비록 소득 수준이 높아지거나 인구가 증가한다고 하더라도 그것이 문화적 파괴를 상쇄하지는 못한다. 식민지 지배 이전의 개개인이 더 자유로웠고 굶주릴 위협이 적었다는 점에서 사회는 시장경제보다 더 인간적이었다. 폴라니는 자신들의 보금자리를 떠나 백인사회의 노예로 전락한 아프리카 원주민의 생활 수준이 일부 상승한다고 하더라도 어떤 의미를 갖겠는가 하고 반문한다. 그는 구체적인 예로 남아프리카 카퍼(Kaffir)족과 같은 원주민이 남루한 옷차림에 반쯤 길들여진 짐승과 같이 변화되고 자존심과 규범을 상실한 모습, 19세기 후반 영국의 식민지 인도에서 기계생산 상품의 침투에 따른 수공예의 쇠퇴, 대규모 식량공급 체제에 의한 지역 식량공급의 파괴, 그로 인한 촌락 공동체의 해체와 기아 발생의 반복, 그리고 강요된 토지 배분에 의한 아메리카 인디언들의 문화적 쇠락 등을 들고 있다.[13]

12) GT, p.159.
13) GT, pp.158~161.

2. 사회의 자기보호

1) 시장 확대에 대한 반작용

이제까지 자기조정적 시장의 형성이 수반하는 사회의 해체에 관해서 언급하였다. 폴라니의 논의는 여기에 그치지 않는다. 시장경제의 형성에는 이중적인 움직임이 나타나는데, 이것이 그의 독특한 개념이기도 하다. 그에 의하면 노동, 토지, 화폐의 상품화는 시장경제의 본질이지만, 만일 '악마의 맷돌'14)과 같은 시장기제에서 인간과 자연, 그리고 경제조직이 보호되지 않았다면 어떤 사회도 견뎌내지 못했을 것이다.15) 시장의 파괴적 속성에 직면하여 그에 대한 통제 움직임이 자연발생적으로 나타날 수밖에 없다는 것이다. 실제 시장이 국내외적으로 확대되면서 동시에 노동, 토지, 화폐 등 허구적 상품들과 관련된 시장의 확대를 통제하기 위한 조치와 정책이 취해졌다. 환언하면 시장경제의 이중운동은 한편으로 자유주의 경제원리와 다른 한편으로 시장의 무분별한 확대를 통제하려고 하는 사회의 자기보호 원리의 상호작용을 의미한다. 폴라니의 표현에 의하면,

> 그것[이중운동 — 지은이]은 사회 내에서 두 가지 조직원리의 작용으로 구체화될 수 있다. 각각의 조직원리는 자신의 고유한 제도적 목표를 설정하고, 일정한 사회세력의 지지를 받으며, 목표를 이루기 위해 독자적인 방법을 사용한다. 그 가운데 하나는 자유주의 경제원리인데, 그것은 자기조정적 시장의 수립을 목표로 한다. 그것은 또한 상인이나 기업가 계급의 지지를 받고, 대개 자유방임과 자유무역이라는 방법에 의존한다. 다른 하나는 사회적 보호의 원리로서,

---

14) '악마의 맷돌(Satanic Mill)'은 영국의 낭만주의 시인 윌리엄 블레이크(William Blake: 1757~1827)의 시집 『밀턴: 하나의 시(Milton: a Poem)』에 나오는 구절. 산업혁명과 자본주의가 요구하는 기계론적·공리주의적 세계관으로 인한 개인의 자유와 자율성 파괴를 비판적으로 묘사한 것이다.

15) GT, p.71.

인간과 자연, 그리고 생산조직의 보존을 목표로 한다. 그것은 시장의 파괴적 행위에서 가장 직접적인 영향을 받는 사람들의 다양한 지지에 의존하는데, 전적으로 그런 것은 아니지만 주로 노동자계급과 토지계급이 거기에 해당된다. 사회적 보호의 원리는 보호입법, 강제적인 결사체, 그리고 다른 개입수단을 사용한다.16)

자유주의 운동은 이미 앞의 시장경제의 형성과 확대 과정에서 서술했기 때문에, 여기서 중요하게 다룰 것은 사회의 자기보호를 위한 반작용이다. 이것은 노동시장, 토지시장, 그리고 화폐시장에 대한 개입의 방식으로 나타났다. 그것은 시장경제가 파괴하는 경향이 있는 인간의 삶과 환경을 회복하는 것을 주요 내용으로 하였다. 이를 위해서 개입은 필연적으로 임금의 가변성과 노동의 유동성 축소, 수입의 안정과 생산의 연속성 보장, 자연자원에 대한 사회적 통제, 그리고 물가의 불안정한 변화를 피하기 위한 통화 관리 등을 지향하게 되었다.17) 폴라니에 의하면 이러한 자기보호적 반응은 자기조정적 시장의 형성과 거의 시간적인 간격 없이 나타났다. 사회 전반을 지배하는 시장체제가 작동하게 되자, 이것이 사회에 미치는 충격이 매우 컸기 때문에, 거의 동시에 강력한 보호 조치들을 취하지 않을 수 없었던 것이다.

먼저 노동과 관련한 보호운동은 노동시장의 등장과 더불어 곧장 시작되었다. 그것은 크게 두 가지 형태를 띠었는데, 하나는 공장법 등 사회입법이었고, 다른 하나는 노동계급 운동이었다. 앞서 언급된 것처럼 1834년 「스핀햄랜드법」의 폐지 이후 노동시장이 형성되면서, 사회입법이 위로부터 봉건세력에 의해 추진되었는데, 그것은 주로 노동력의 이동에 따른 사회불안에 대한 대응이었다. 당시 노동자들은 선거권을 포함한 정치적 권리가 없었기 때문에 이러한 입법 활동에 효과적으로 참여하지 못하였다. 그렇지

---

16) GT, p.132.
17) GT, p.216.

만 19세기 중반 선거권 개정운동과 더불어 시장의 불안정성에서 인간을 보호하려고 하는 운동이 전개되었다.[18] 19세기 후반에 이르러서는 노동조합이 합법화되면서 노조와 노동자 정당이 사회적 보호운동의 주된 담당자가 되었다.

토지와 관련해서도 토지의 상품화와 더불어 보호운동이 전개되었다. 초기 형태로서 귀족들이 종획운동을 시작했을 때, 공동체의 복지와 사회구조를 지키는 일은 왕이나 성직자들이 주로 담당하였다. 그렇지만 19세기 중반에 앞서 언급한 것처럼 계약의 자유가 토지까지 확대되면서, 토지에 대한 보호운동은 주로 지주들에 의해 수행되었다. 그것은 당시 이들이 지역 공동체의 일반적 이익을 대표하고 있었기 때문이다. 19세기 후반 영국에서는 주로 보수적인 토리당을 중심으로 입법 활동의 형태로 토지에 대한 보호운동이 전개되었다.[19]

사회의 자기보호는 생산조직에게도 해당된다. 이를테면 화폐제도가 그 예이다. 금본위제는 자유무역의 확대를 위해 필요하였지만, 그것은 국내의 안정된 통화량 조절을 통한 경제발전과는 모순된 측면이 있었다. 상품화폐로서 금의 증가는 대개 한 나라의 경제성장 내지는 물자의 거래량보다 낮게 유지되는데, 이것은 통화의 부족에 따른 기업의 손실을 야기할 수밖에 없었던 것이다. 물론 화폐 수량논자들이 주장하는 것처럼[20] 장기적으로 통화량의 상대적 감소와 그에 따른 물가하락은 기업활동에 영향을 주지 않는다. 그것이 판매가격뿐만 아니라 생산원가도 낮추기 때문에, 이윤은 영향을 받지 않기 때문이다. 그렇지만 폴라니에 의하면 물가의 경향적 저하는 단기적으로 기업에 손실을 가져올 수 있다. 이를테면 임금과 같이 일정기간 계약에 의해 정해지는 경우 판매가격과 생산원가 사이에 시간적 간극이

---

18) GT, p.167.

19) GT, pp.181~182.

20) 물가 수준은 화폐 수량의 증감에 의해 정비례적으로 변화한다는 이론. 20세기 초 미국의 경제학자 피셔(Erving Fisher, 1867~1947)의 설명에 의하면, 화폐 수량을 M, 화폐유통속도를 V, 물가 수준을 P, 거래액을 T라고 할 때 $MV=PT$의 등식이 성립.

존재한다. 이러한 의미에서 시장경제가 선호하는 상품화폐 체제는 국내생산과 모순된다. 실제 금본위제 초기에 만성적인 통화량 부족에 대한 불평이 있었다. 결국 인위적인 명목화폐(token money)21)와 어음과 같은 신용화폐가 도입되지 않을 수 없었고, 이것은 국가의 통제를 받는 중앙은행이 시장에 개입하는 것을 의미하였다.22)

사회의 자기보호 운동과 관련하여 자유주의자들은 모든 문제들을 시장에 대한 외부의 개입에서 찾으려고 한다. 그들에 의하면 시장경제는 시간이 지나면 자연적으로 균형에 도달하고, 이것은 사회 전체에 혜택을 줄 것이다. 따라서 개입주의는 시장의 자연스런 균형 회복을 기다리지 못하는 조급함에서 오는 오류에 불과하다. 나아가 자유주의자들은 자기보호 운동의 배후에는 사회주의나 민족주의를 위한 일종의 반자유적이고 집단주의적 음모가 있다고 간주한다. 그렇지만 폴라니에 의하면 자유방임 경제에 대한 제약은 어떤 음모나 계획이 아니라 사회에서 자발적인 형태로 일어난다. 그것은 오직 시장기제의 확대에 부정적인 영향을 받고 있는 광범위한 사회세력의 자연발생적 반발에서 일어난다. 다시 말해 반시장적 움직임은 이념이나 지적인 유행이 아니라, 시장경제체제에 내재된 약점과 위험이 겉으로 드러난 것에 불과하다.23)

이러한 의미에서 본다면, 사회의 자기보호는 단순히 경제적 이익의 동기만으로 촉발되는 것은 아니다. 그것은 무엇보다도 인간 존엄성의 파괴에 대한 자기보호이다. 마찬가지로 사회의 자기보호 운동은 마르크스주의자들이 주장하는 것처럼 계급적 이익을 위한 투쟁이나 계급 간의 투쟁과는 다

---

21) 화폐의 소재가치가 액면가치보다 낮은 화폐로서, 은행권의 지폐나 주화를 말함.

22) GT, pp.131~132, GT, p.192ff.

23) GT, pp.141~145. 여기서 "자유방임(정책)이 계획된 것이며 (사회의 자기보호를 위한) 계획이 계획된 것은 아니다(GT, 141; 괄호 안은 지은이)"는 역설이 성립하게 된다. 다시 말해 국가에 의해 의식적으로 계획되고 추진된 자기조정적 시장의 개념이 유토피아적이며, 시장의 확대를 저지하려고 하는 사회의 자기보호적 노력이 오히려 현실적이다.

르다[24]. 아래에서 별도로 다루는 것처럼 폴라니는 계급적 이익의 존재를 부정하는 것은 아니지만, 그것은 사회 전체의 요구와 구분되어서는 관철될 수 없다.

2) 이중운동과 계급, 그리고 국가

폴라니에 의하면, 시장경제는 자유주의 경제이론에서 주장하는 것과는 달리 자연발생적이지 않았고, 역사적으로 사회적 요구에 따른 제도의 창출을 통해 형성되었다. 그리고 시장경제의 확대는 그에 대한 사회의 자기보호 시도가 병행되면서, 이중운동의 형태로 전개되어 왔다. 따라서 시장경제는 본질적으로 불안정할 수밖에 없으며, 끊임없는 제도 변화를 전제로 하게 된다. 그 제도 변화란 무엇보다도 시장에 대한 개입과 규제가 수반되는 제도적 질서의 형성, 즉 시장을 다시 사회적 관계에 '재흡수하려는' 시도로 나타난다. 그렇지만 이러한 시도에 자본도 저항하게 되는데, 그 결과 시장에 대한 재흡수와 분리를 둘러싼 갈등이 끊임없이 발생하게 된다.[25]

자기조정적 시장에 대한 사회적 대응과 관련하여 폴라니는 독특한 계급이론을 전개한다. 기존의 계급이론에 대한 그의 비판은 자유주의자들이 주장하는 집단적 음모론, 즉 보호주의는 농민, 기업가, 노조 관계자들의 음흉한 이익 추구의 결과이며, 이들의 이기심으로 인해 시장의 자기조정적 장치가 작동하지 않는다는 시각에 대한 반론에서 출발한다. 그에게 시장의 확대는 사회 전체에 대한 위협이 되기 때문에 단일 계급의 문제에 국한되지 않는다. 그에 따르면 "상이한 부문의 사람들의 경제적 이해가 아닌 사회적 이해가 시장에 의해 위협을 받았기 때문에, 다양한 경제적 계층에 속

---

24) 이중운동을 단순한 계급투쟁이 아니라 시장체제 조직 자체에 내재되어 있다는 점에 대한 좀더 자세한 논의는 (Özel, 1997: 144~153) 참조.

25) 이러한 의미에서 1980년대 이후 사회에서 시장을 분리하려는 시도로서의 신자유주의는 자기보호를 위한 사회적 제도들을 폐지 내지 약화시키고 시장 친화적인 제도 질서로 대체하려고 하는 것이다(Blyth, 2002: 3~4).

한 사람들이 그 위험에 대항하는 세력에 동참하였다."26) 물론 시장의 확대
는 그로 인해 생존의 위협을 가장 크게 받는 노동자계급의 격렬한 저항을
불러일으킨다. 그렇지만 자기조정적 시장은 노동자계급의 저항과 무관하게
결국 위에서도 제약을 받게 된다. 시장은 사회 조직(fabric of society)을 해체시
키는 경향이 있기 때문에, 위로부터도 사회를 보호하기 위한 조치들이 취해
지는 것이다. 이를테면 19세기 초 자기조정적 시장이 출현하는 시점에서
토지귀족 가운데 '계명된 반동세력'이 그 역할을 담당하기도 하였다.27)

폴라니에 의하면 마르크스 계급이론도 사회의 장기적 변화 과정에 대해
서 제한적인 설명력을 갖는다. 폴라니에게는, "사회의 운명이 계급들의 필
요에 의해 결정되기보다는, 계급들의 운명이 사회의 필요에 의해 결정된
다."28) 또한 계급투쟁에서 승리할 가능성은 해당 계급 밖의 지지를 확보할
능력에 따라 다를 수밖에 없고, 이때 다른 계급의 지지는 해당 계급의 이
익보다 더 넓은 범위의 이익을 성취할 때 비로소 확보될 수 있다. 더욱이
상이한 계급들이 서로 무의식적으로 연대하는 것은 그들의 경제적 이익만
이 아니라 지위와 직위, 신분과 안정성 등 사회적 이익이 시장에 의해 위
협을 받고 있기 때문이다. 시장에서 불리한 위치에 있는 특정한 계급의 이
익보다는 자기조정적 시장이 갖는 파괴적 속성에서 사회 전체를 보호하는
것이 더욱 중요한 것이다. 사회 계급구조가 일정한 한에서는 계급이론은
어느 정도 의미를 갖지만, 실제 계급구조 자체는 가변적이다.

---

26) GT, pp.154~155.

27) GT, pp.165~166. 물론 폴라니에 의하면, 보통 헤게모니적 위치에 있는 계급의 행
위에 의해 다른 계급이 수동적으로 수혜를 받는 경우는 거의 없다. 다만 예외적인
경우가 있을 수 있는데, 실버와 아리기(Silver and Arrighi)는『대전환』에서 다음 두
가지 경우를 확인하고 있다. 그것은 첫째, 바로 사회 전체의 파괴 상황 자체가 실제
존재하는 경우인데, 그것은 1920~1930년대에 광범위하게 나타났다. 둘째는 법적·
군사적·경제적 주권을 갖지 못하고 있는 식민지들의 경우이다. 두 경우에는 헤게모
니 계급이 노동자 계급을 포함하여 사회 전체의 자기보호 기능을 수행하게 된다. 이
러한 예외적인 경우가 아니라면 노동자계급은 자신에게 보다 우호적인 계급들에게
서만 보호를 기대할 수 있다(Silver and Arrighi, 2003: 326~327).

28) GT, p.152.

물론 변화의 충격은 지리적 조건이나 경제적·문화적 조건에 따라 공동체의 각 부분에 대해 상이할 수 있다. 그 결과 계급적 이해가 사회적·정치적 변화의 자연스런 수단이 될 수도 있고, 각 계급들은 거기에 대해서 상이한 수단과 정도로 반응하게 된다. 그렇지만 계급적 관계는 변화의 방식이나 정도에 영향을 주는 데 그치며, 변화 자체는 궁극적으로는 계급 외적인 힘에 의해 주어진다. 폴라니에 의하면, 사회 변화는 계급적 관계가 아니라 "기후 변화, 수확, 새로운 적의 발생, 기존의 적에 의한 새로운 무기의 사용, 공동체의 새로운 목표의 출현, 기존의 목표를 달성하기 위한 새로운 방법의 발견"과 같은 외적인 원인들로 일어난다. 즉 사회의 변화 과정은 사회 전체를 포괄할 수밖에 없다. 이러한 의미에서 " '도전'은 사회 전체에 오고, 그에 대한 '반응'은 집단, 분파, 그리고 계급을 통해 이루어진다."[29]

이중운동에서 사회계급들 이외에 중요한 행위자는 국가이다. 자유주의 경제이론은 자원 배분이 자기조정적 시장에 의해 이루어져야 한다고 보고, 국가 역할의 축소를 주장한다. 그런데 폴라니는 자신의 글 도처에서 19세기 시장경제의 형성 과정에서 국가가 수행한 적극적인 역할에 주목하고 있다. 국가는 한편으로 시장경제를 형성하기 위해서 다른 한편으로 시장화를 억제하기 위해서 의식적으로 노력하는 이중적인 모습을 보여주었다. 다시 말해 국가는 자기조정적 시장의 형성을 위해 '인위적인' 제도를 형성하고 유지하는 기능을 담당하면서, 동시에 그 과정에서 나타나는 부정적인 결과에 대한 사회세력들의 자기보호 요구를 실행하였던 것이다. 무엇보다도 시장경제의 부정적 결과가 사회적 수용 정도 범위에 머물도록 하는 국가의 기능은 역사적으로 시장경제의 발전에 필수적이었다.[30] 결국 시장경제의

---

29) GT, p.152.

30) 이러한 의미에서 볼 때, 자유주의자들이 말하는 국가의 역할 축소는 현실적으로 사회적 자기보호 수단의 제거를 의미하며, 결국 시장경제가 사회적 수용 정도의 범위를 넘어 파국으로 치달을 수 있는 가능성이 생겨나게 된다. 다시 말해 시장경제의 부정적 측면, 이를테면 기아와 빈곤, 부패, 법과 질서를 유지할 수 있는 권위의 상실 등으로 특정 지워지는 국가조직의 약화는 아프리카와 같은 지역에서 무장조직의 등

유지와 사회의 자기보호라는 상충된 요구에 의해 국가는 사회와 시장 모두에게 점차 권한을 확대해 나가게 되었다.[31]

3. 자기조정적 시장의 훼손과 시장경제의 위기

1) 사회의 자기보호와 시장의 훼손

19세기 시장경제가 전개되는 과정에서 시장의 지속적인 확대와 사회를 시장의 파괴적 힘에서 보호하려는 반작용이 동시에 진행되었다. 한편으로 토지, 노동, 화폐의 상품화는 자기조정적 시장의 형성에서 핵심적 내용이었다. 자기조정적 시장은 안정적인 산업 생산에 필요한 생산요소를 조달하기 위한 합리적인 방법으로써 창조되었던 것이다. 그렇지만 다른 한편으로 사회 기본구성 요소가 상품화되면서 기존의 사회적 관계는 해체될 위험에 처하게 되었다. 그 결과 사회의 자기보호 시도가 여러 가지 형태로 나타나게 되었고, 결국 19세기 유럽은 경제적 자유주의와 사회의 자기보호가 서로 충돌하면서 제도적 긴장을 경험하였다.

그런데 폴라니가 말하는 시장화의 이중운동은 단순히 시장의 확대와 그에 대한 사회적 저항에 그치지 않는다. 그는 무엇보다도 이중운동으로 인한 시장경제의 내재적인 불안정성, 나아가 그 붕괴의 가능성에 대해서 주목하였다. 시장경제가 상품화 과정을 통해 기존의 사회 구조를 해체하려

장과 그에 따른 테러 등이 빈발할 토양을 만들고 있다(Putzel, 2001).

31) J. Ron Stanfield, *The Economic Thought of Karl Polanyi: Lives and Livelihood*(New York: St. Martin's Press, 1986), pp.111~124, 프레드 블록·마가렛 소머즈, 「3. 경제주의적 오류를 넘어서: 칼 폴라니의 전체론적 사회과학」, Theda Skocpol 편·박영신 외 역, 『역사사회학의 방법과 전망』(서울: 대영사, 1986), 91~93쪽. 폴라니의 이러한 독특한 국가이론은, 후에 국가론 논쟁에서 중요한 부분을 차지하였던 것처럼, 한편으로 자본의 축적과 다른 한편으로 민주주의적 정당화 요구 사이에 나타난 자본주의 국가의 모순을 보여주고 있다(O'connor, 1973).

는 속성을 갖는다면, 시장을 제한하려는 사회적 반작용은 자기조정적 시장의 작동을 훼손할 수밖에 없다. 특히 시장경제가 노동, 토지, 화폐라는 허구적 상품들에 바탕을 두고 있기 때문에, 사회계급이나 국가의 개입은 시장체제의 가장 기본이 되는 세 가지 상품의 시장을 훼손하게 된다. 나아가 사회는 이미 시장경제의 필요에 부합하도록 재구성되어 있기 때문에, 시장에 대한 개입은 자기조정적 시장뿐만 아니라 사회 전체에도 긴장을 수반하게 된다. 결국 원래 정치와 경제의 분리를 특징으로 하는 시장사회에서 양자의 실질적 결합이 이루어짐으로써 내적인 불안정성이 존재하고 있는 것이다.

먼저 시장에 대한 개입은 노동의 경우 주로 사회입법을 통해서, 토지는 주로 농산물 수입관세를 통해서 각각 구체화된다. 그리고 이러한 조치들은 일단 실시되면 취소하기 매우 어렵다. 사회의 자기보호 시도에 의해 생산과 노동의 조건은 주로 관세, 조세, 사회입법 등 비시장적 요소에 의존하게 되고, 그 결과 계급적 이해관계가 더 두드러질 수밖에 없다. 노동자들은 농산 식료품 가격의 상승에 따른 실질 소득의 감소를 반대하고, 농민들은 노동자에게 도움이 될 수도 있을 농산물 수입 확대에 대해서는 반대한다. 이를테면 독일에서는 19세기 말 전반적인 보호주의하에서 농산물과 공산품 수입에 대한 관세의 부과를 위해서 농민과 자본가들 사이에 공동의 정치적 동맹이 형성되기도 하였다. 노조도 곡물 수입에 대한 관세 부과로 생활비가 늘어난 것을 보충하기 위해 임금 인상을 요구하였는데, 거기에 필요한 더 많은 기업이윤을 위해 수입 공산품에 대한 관세 부과를 반대할 이유가 없었다.[32] 사회 전반의 이해구조로 개입이나 보호주의가 공고화될 수 있는 토대가 존재하였던 것이다.

그렇지만 보호주의는 시장경제의 자기조정적 성격을 크게 훼손하였다. 무엇보다도 보호주의는 경쟁적 시장을 독점적 시장으로 바꾸는 데 기여하

---

32) GT, p.204ff.

였다. 시장에서의 자율성과 경쟁은 점차 감소되었다. 개인은 점차 단체로 대체되었고, 노동과 자본은 점차 비경쟁적 단위로 조직화되었다. 그 결과 자기조정적 시장이 요구하는 경제적 적응은 더 느리고 어렵게 되었다. 결국 자기조정적 시장의 훼손으로 조정되지 못한 가격과 비용구조가 지속되어 경기침체는 장기화되었고, 신속한 설비의 재조정 능력의 결여로 이윤이 나지 않는 투자가 청산되지 못하였다. 마찬가지로 가격과 소득 수준이 조정되지 못함으로써 사회적 긴장이 야기되었다. 노동, 토지, 화폐 등을 포함한 모든 시장에서 갈등은 경제영역을 넘어서게 되었고, 균형이 회복되기 위해서는 정치적 수단이 필요하였다.[33] 그렇지만 시장사회에서 원래 정치와 경제가 제도적으로 구분되기 때문에, 어떤 긴장에서도 이러한 구분은 유지되어야 한다. 이것도 아래에서 언급하는 것처럼 또 다른 긴장의 한 요인이 되었다.

2) 사회주의와 위기의 가속화

폴라니에 의하면 시장경제의 위기는 금세기 초 서유럽 정치에서 나타난 사회주의 정당과 그 이념에 의해 가속화되었다. 그렇다면 먼저 폴라니가 상정하는 사회주의란 무엇인가. 그는 사회주의에 대해서 이중적이고 — 시각에 따라서는 — 모순된 관점을 제시하고 있는데, 그것은 각각 본질적 의미의 사회주의와 경제체제로서 사회주의이다.

먼저 본질적 의미에서의 사회주의이다. 폴라니에 의하면 "사회주의는, 본질적으로, 자기조정적 시장을 의식적으로 민주적 사회에 종속시킴으로써 그것을 초월하려고 하는 산업문명에 내재된 경향이다." 또한 "사회 전체의 시각에서 본다면, 사회주의는 사회를 사람들 사이의 매우 인간적인 관계로 만들려는 — 서유럽에서는 늘 기독교 전통과 연계되었던 — 노력의 연속일 뿐

---

33) GT, p.218.

이다."[34] 다시 말해 사회주의는 생산자로서 인간의 일상적 행위를 규정하는 동기들의 통일성을 다시 회복하고, 경제체제를 사회에 재흡수하며, 인간의 생활양식을 산업환경에 창조적으로 적응시키려는 시도인 것이다.[35] 경제를 사회에 종속시키고 통제한다는 것과 관련하여 달톤은 그것을 "자연자원과 노동의 배분, 생산 과정에서 노동의 조직, 생산물의 처분이 종족이나 정치적 의무 또는 다른 사회적 관계를 반영하게 하는 것"으로 해석한다.[36] 이러한 의미에서 사회주의는 시장사회에 대한 사회의 자기보호적 반응의 한 형태이다.

그런데 두 번째, 경제체제로서 사회주의는 사회의 자기보호적 반응과는 거리가 있다. 이 관점에서는 사적인 이윤을 생산활동의 보편적 동기로 삼는 시장경제와 결별하고, 주요 생산수단의 사적인 소유를 인정하지 않는다. 경제체제로서 사회주의는 금세기 초 유럽에 사회주의적 계급정당들이 출현함으로써 매우 현실적인 의미를 가지게 되었다. 실제 사회주의 정당들이 사유재산을 전적으로 부정한 것은 아니었지만, 궁극적으로 그렇게 할지도 모른다는 우려가 광범위하게 존재하였다. 게다가 제1차세계대전 이후 시장체제가 거의 붕괴의 정도에 이르렀고, 러시아에 사회주의 경제체제가 성립되었다. 특히 러시아에 의한 사회주의 체제의 성립은 서유럽의 사회주의 정당들도 사회주의 경제체제를 시도할지도 모른다는 강한 우려를 낳았다. 사회주의 정당들은 대체적으로 자본주의 경제체제의 혁명적 전복이 아니라 체제의 개혁을 시도하고 있었지만, 그러한 우려는 사기업과 그 옹호자들에게는 현실적 위기감으로 이어졌다.[37]

경제적 이해의 대립은 대개 타협으로 이어지는 것이 보통이지만, 경제

34) GT, p.234.
35) PAME, pp.72~73.
36) George Dalton, "Introduction," Karl Polanyi. *Primitive, Archaic, and Modern Economies: Essays of Karl Polanyi*, 1968, pp.xxii-xxiii.
37) GT, pp.234~235.

영역과 정치 영역이 분리된 사회에서 갈등은 심각한 결과를 가져왔다. 즉, 당시 산업 현장에서는 고용주들이 주도권을 갖고 있었다면, 정치적으로는 보통선거에 의해 노동자 계급(정당)이 권력을 장악하고 있었다. 이러한 현실에서 타협이란 매우 어려웠다. 고용주들은 이윤에 대한 개인적 이해를 떠나 어쨌든 사회에서 생산 영역을 담당했기 때문에, 생산을 지속하려고 하는 그들의 노력은 원칙적으로 다수에게 지지를 얻을 법도 하였다. 그리고 노동자들이 우세한 의회와 같은 국가기구도 정상적인 사회의 운영과 유지를 위해서는 생산영역(기업)과 마찬가지로 사회의 의견 형성, 공공정책, 장기계획의 제정과 같은 공식적인 기능들을 담당해야 한다. 그러나 1920년대에는 집단 간의 이익이 대립하면서 산업 영역과 정치 영역 모두가 마비되었다. 폴라니에 의하면, 노동자들은 수적 우위를 통해 의회를 장악하고, 경제현실을 무시하고 무차별 개입하였다. 자본가들도 생산영역을 통해 사회를 지배하려고 하였고, 자유선거를 통해 선출된 의회를 부정하였다. 이처럼 의회민주주의와 자본주의 사이의 근본적 갈등과 교착 상태는 위기에 대한 대응능력을 저하시켰고, 결국 세계공황으로 이어졌다. 그 과정에 편승하여 몇몇 국가들에서 파시즘이 나타나 시장사회의 모순에 대한 극단적인 해결방안을 제시하게 되었다.

3) 시장사회의 위기와 파시즘

폴라니에 의하면 이중운동의 모순은 두 가지 차원에서 가시화된다. 첫째는 계급갈등인데, 그것은 사회의 자기보호 과정에서 가시화되는 계급 간 이해의 차이 때문이다. 둘째는 제도적 갈등인데, 그것은 시장에 대한 보호조치가 시장체제의 제도적 구조에 긴장을 일으키기 때문이다. 계급갈등과 제도적 갈등은 서로 긴밀한 관계가 있고, 순환적이다. 시장경제에서는 경제와 정치가 제도적으로 구분되고, 후자가 전자에 종속된다. 따라서 경제

영역에서 시작된 계급 간 갈등은 조만간 정치영역으로 옮아갈 수밖에 없고, 그것은 시장에 대한 정치적 개입을 통해 다시 시장을 긴장시키고 나아가 훼손시킨다. 시장에 대한 훼손은 또다시 거기에 의해서 부정적 영향을 받게 될 계급의 반발과 시장의 회복을 위한 조치로 이어짐으로써 정치적으로 중대한 결과를 가져올 수도 있다. 이러한 과정이 증폭되면서 결국 사회는 중대한 위기에 직면하게 된다.

폴라니의 이러한 시각에서 보면, 19세기 문명, 즉 시장경제의 생명력은 통상적으로 이해되고 있는 것처럼 제1차세계대전이나 프롤레타리아트에 의한 사회주의 혁명, 또는 하층 중간계급의 파시즘에 의해서 소진된 것이 아니다. 그리고 그 위기는 이윤율 저하의 법칙이나 과소소비(과대생산)의 법칙과 같은 경제법칙의 결과도 아니다. 그것은 자기조정적 시장의 행위에 의해 멸망하지 않기 위해서 사회가 취한 조치들, 다시 말해 시장화에 대한 사회의 자기보호적 반작용의 결과였다. 즉, 한편으로 시장과 다른 한편으로 사회의 자기보호 사이의 갈등이 시장경제의 전개에 역동성을 수반하였지만, 결국 사회의 파국으로 이어졌던 것이다. 외적인 전쟁은 단지 그 파멸을 앞당겼을 뿐이었다.[38] 폴라니에 의하면,

> 실제 독일과 이탈리아에서 전쟁[제1차세계대전 — 지은이] 직후의 상황은 볼셰비즘이 성공할 가능성은 조금도 없었다는 것을 증명하였다. 동시에 노동자계급, 노조, 그리고 노동자 정당이 비상시에는 — 계약의 자유와 사유재산의 신성함을 절대적인 것으로 성립시켰던 — 시장의 규칙을 거부할 수도 있다는 것이 결국 분명해졌다. 시장규칙의 거부는 투자 의욕의 저하, 자본 축적의 방해, 형편없는 수준으로 임금의 하락, 환율의 위협, 외국인 신용의 훼손, 신뢰의 약화, 기업활동의 마비 등 사회에 가장 유해한 결과를 가져올 가능성이 있었다. 공산주의 혁명에 대한 환상적인 위험이 아니라 노동자계급이 파괴적인 개입을 관철시킬 수도 있다는 부인할 수 없는 사실이 잠재적인 두려움의 근원이었고, 이것은 결정적인 순간에 파시즘적 광기로 분출하였다.[39]

---

38) GT, p.249.

여기에서 파시즘에 대한 폴라니의 독특한 해석을 볼 수 있다. 그에 의하면, 사회적 파국의 극단적 형태인 파시즘은 당시 진행되고 있는 사회적 대전환, 즉 국내외적 차원에서 전개되고 있는 자기조정적 시장경제의 위기의 결과이다. 다시 말해 파시즘이나 사회주의에 의해 시장경제의 위기가 발생한 것이 아니라 반대로 파시즘과 사회주의가 시장경제의 위기에 대한 일부 국가의 대응일 뿐이다. 문제는 모든 인간의 행위를 — 인류 역사에서 매우 예외적으로만 인정되는 — 이윤으로서 합리화하는 시장사회의 근원적인 모순에서 찾아야 한다. 파시즘은 사회주의와 마찬가지로 기능을 상실한 시장사회 자체에 그 근본적인 원인이 있었던 것이다.

좀더 구체적으로, 파시즘은 특정 국민의 민족성이나 역사적 배경과 같은 우연적인 원인에 의한 것이 아니다. 그것은 자유주의적 자본주의가 제도적 위기에 처한 객관적 상황에서, 거기에 대응하려는 하나의 정치운동이었다. 파시즘의 징후는 당시 독일, 이탈리아, 일본뿐만 아니라 영국, 프랑스, 미국 등 수없이 많은 나라들에서도 보편적으로 나타났다.[40] 20세기 초반에 이미 파시즘의 경향이 나타났는데, 그것의 확대 여부는 오로지 시장경제의 중요성에 대한 인식에 의해 결정되었다. 즉 1917년부터 1923년 사이 정부들은 법과 질서를 회복하기 위해서 간헐적으로 파시즘에 호소하였는데, 당시에는 단지 시장경제의 작동만이 문제되었기 때문에 파시즘은 발전하지 못하였다. 1924년부터 1929년 사이에는 시장경제의 회복이 확실시되었기 때문에 정치세력으로서 파시즘은 후퇴하였다. 그러나 1930년 시장경제가 전면적인 위기에 처하게 되자 몇 년 이내에 파시즘은 지배적인 세력으로 등장하였다.[41] 폴라니에 의하면 다음에서 상술하는 것처럼 국제적 차원에서 시장자유주의가 재등장한 것도 파시즘이 출현하는 데 상당한 책임이 있었다. 즉, 시장자유주의자들은 디플레이션 정책을 위해서 국가에 의한 권

---

39) GT, p.190.
40) GT, pp.237~238.
41) GT, pp.242~244.

위주의적 개입까지도 수용하였던 것이다. 그 결과 권위주의 정부가 등장하면서 파시즘을 막을 수도 있었을 민주적 사회세력이 약화되고 말았다.

폴라니에 의하면, 파시즘은 경제와 정치 영역 모두에서 모든 민주적 제도들을 폐지하는 대가로 시장경제의 개혁을 달성하는 방식이다. 붕괴의 위험에 처한 시장체제는 파시즘을 통해 다시 회복되었지만, 사람들은 인간성, 공동체 의식, 정치적 자유와 권리를 상실하였다. 파시즘의 단계에 이른 나라들에는 "비합리주의적 철학, 인종주의의 미학, 반자본주의적 선동, 이단적 통화학설, 정당체제에 대한 비판, '정권'의 광범위한 불명예"42) 등 징후들이 나타났고, 그것들은 정치, 경제, 문화, 철학, 예술, 종교 등 모든 인간 활동영역에 침투하였다. 파시즘은 민주주의를 파괴하였을 뿐만 아니라 그것을 회복시킬지도 모를 모든 가능성까지도 제거하였다. 파시즘은 민주주의적 요소들을 제거한 다음 소위 코포라티즘43) 조직들을 통해 사회를 재조직하려고 하였다. 파시즘은 경제뿐만 아니라 사회의 전반에 변화를 초래하였던 것이다.

파시즘의 길을 가지 않은 국가들도 당시의 사회경제적 압력에 대해서 다른 방식으로 대응하였는데, 대표적인 예가 미국의 뉴딜정책과 러시아의 '일국 사회주의' 노선이다. 먼저 뉴딜정책에는 미국의 금본위제 포기에서 드러나는 것처럼, 민주주의를 존속시키면서도 세계시장에서 국민경제를 분리시키는 조치가 수반되었다. 폴라니는 뉴딜정책에 대해 단순히 시장에 대한 부분적 치유에 그치지 않고, 당시 전개되고 있다고 믿었던 대전환의 한 가지 형태로 간주하였다. 즉 케인즈적 시장 개입을 자본주의의 활성화가

---

42) GT, p.238.

43) 코포라티즘(corporatism)은 다수의 이익 대표체들의 존재와 상호경쟁, 그리고 자율적인 활동을 특징으로 하는 다원주의와 대비되는 개념이다. 거기에는 각 부문에 다양한 상호경쟁적 이익집단들이 존재하는 것이 아니라 사회의 이익 대표가 기능별로 구획되어 있고 각기 하나의 비경쟁적인 대표체만이 존재한다. 대표체들은 조직의 구성과 활동에서 국가의 통제를 받으며 그 대가로 개별 부문에 대한 독점적 대표권을 갖는다.

아니라 경제를 사회에 다시 흡수시킴으로써 새로운 사회구성으로 이행하
고 있는 조치로 낙관하였던 것이다.[44] 러시아의 경우도 폴라니는 1930년
대 위기에 대한 대응으로 간주한다. 그에 의하면 러시아가 궁극적으로 사
회주의 국가가 된 것은 당시 세계경제의 위기를 목도하면서 스탈린이 '일
국 사회주의'를 건설하기로 결정하였기 때문이다. 어쨌든 시장경제의 위기
에 대한 상이한 대응방식들, 즉 파시즘, 뉴딜정책, 그리고 일국 사회주의는
장기간 병존할 수 없었고, 이것은 제2차세계대전에서 가시화되었다.

---

44) 케인즈적 국가 개입이 시장경제의 종말이 아니라 그것의 존속을 위한 치유의 한
   형태에 불과하다는 시각에서 보면, 폴라니는 커다란 오류를 범하고 있는 셈이다. 그
   렇지만 나중에 케인즈 정책의 위기가 나타날 뿐만 아니라 시장경제의 근본적 문제
   점들이 해결되지 않고 있다는 시각에서 본다면, 폴라니의 생각이 옳을 수도 있다(프
   레드 블록·마가렛 소머즈, 1986: 83).

제6장

시장경제와 국제정치경제

1. 자유주의 질서의 성립

1) 자유무역과 금본위제

　시장경제의 원활한 작동을 위해서는 국내적 수준에서뿐만 아니라 국제적 수준에서 일정한 제도적 질서가 필요하다. 이것은 국제적으로 일정한 경쟁의 규칙들을 정해주는 국제경제체제(regime) 내지는 질서가 요구된다는 것을 의미한다. 국내적으로 자기조정적 시장에 상응하여 국가 간 자유무역을 가능하게 하는 장치가 요구되는 것이다. 앞서 언급한 것처럼 19세기 유럽의 질서는 국내 경제적으로 시장경제체제와 그 연장선에서 국제 경제적으로 자유무역에 의해 지탱되었다. 자유무역과 관련하여 19세기 국제경제질서의 중심에 위치한 것이 바로 금본위제였다. 동일한 이유에서 20세기 초 유럽질서의 위기는 금본위제의 붕괴와 궤를 같이 하였다. 폴라니에 의하면,

　　국제 수준에서 금본위제의 붕괴는 20세기 초 이래 세계경제의 해체와 1930년대 전체 문명의 전환 사이의 보이지 않는 연결고리였다. 금본위제의 결정적

중요성을 인식하지 못하고서는 유럽을 몰락으로 이끈 메커니즘을 올바로 이해할 수 없다. ……1)

금본위제란 금이라는 재화를 한 나라 통화의 표준가치로 사용하는 제도를 의미한다. 국제무역에서 국가들이 금본위제를 취하게 되면 자국의 통화가치를 금에 대한 일정비율로 정하게 됨으로써 국가들 사이의 통화교환 비율, 즉 환율이 효과적으로 고정되게 된다. 금본위제하에서는 지폐가 교환의 수단으로 사용되지만, 그것은 정해진 비율의 금으로 태환될 수 있다. 따라서 정부가 과도한 통화발행으로 통화가치의 하락과 물가상승을 야기하는 것을 억제할 수 있다. 또한 환율이 고정됨으로써 이론적으로는 국제교역에서 확실성이 커져 교역이 확대될 수 있다. 그뿐만 아니라 경제성장(또는 거래량의 증가)이 대개 금보유량의 증가보다 빠르기 때문에 금본위제는 국내 물가를 하락시켜 교역(수출)을 확대시킬 가능성이 있다. 이러한 이유 때문에 금본위제는 고전적 자유주의 경제이론가들 사이에 광범위한 지지를 얻었다. 1870년대에 유럽 각국들과 미국도 차례로 금본위제를 채택하였다.

한편 정치경제학적 측면에서 보면, 금본위제는 자유무역의 확대와 더불어 개별 국가들의 경제에 대한 개입을 제한하는 의미를 가졌다. 즉, 국제적 수준에서도 정치와 경제의 구분에 기초하여 독자적인 경제영역, 즉 자기조정적 시장이 형성되었던 것이다. 물론 금본위제를 현실적으로 뒷받침하였던 것은 영국의 헤게모니였다. 당시 경제력과 정치력을 겸비한 영국은 금본위제와 입헌주의를 통하여 자신의 헤게모니를 다른 나라에 관철시켰던 것이다. 영국이 국제적 금융체제에 대한 리더십을 유지함으로써 금본위제의 원활한 기능이 가능하였고, 이것은 다시 자본의 국제적 유동성을 촉진하였다.2)

1) GT, p.20.
2) Raimo Väyrynen, "Peace, Market, and Society: Karl Polanyi's Contribution to Theory of War

그렇다면 금본위제와 입헌주의는 어떻게 기능하였는가. 금본위제에서는 통화량과 통화가치의 변동이 최소한으로 제한됨으로써 각각의 국가들은 국제적 수준의 금융에 대한 의존도가 클 수밖에 없었다. 특히 무역수지가 적자인 국가는 금으로 채무를 상환해야 하고, 이것은 금보유량의 감소와 그에 따른 통화 공급의 부족을 야기하였다. 이 상황에서 해당 국가들은 단기적·장기적 금융자본을 활용하지 않으면 안 되었다. 그런데 차관의 제공이나 그것의 연장은 해당 국가에 대한 평가, 즉 정부의 신인도와 연계되었다. 차관 제공과 정부 신인도의 연계는 특히 국제적 차원의 각종 위원회에서, 그리고 그것을 이끄는 주요 국가들의 정책에서 표출되었는데, 이들은 여타 국가들에게 입헌주의 정부형태를 요구하였다. 입헌주의 정부하에서 이를테면 전쟁준비와 같은 과도한 재정 지출은 예산에 직접 반영될 수밖에 없고, 통화의 대외적 가치도 예산편성과 연관될 수밖에 없다. 따라서 채권국들은 채무국들에게 자국의 통화가치를 면밀하게 검토하고, 예산의 건전성에 영향을 줄 수 있는 정책들은 피하도록 촉구하였다. 그 결과 많은 소규모 국가들에서 정부에 의한 경제적 개입이 제한되었다.[3]

요컨대 자유주의 경제학자들이 금본위제를 일종의 경제제도로 간주하였던 반면, 폴라니는 그것의 정치적·사회적 기능에도 주목하였다. 금본위제가 자유무역의 중요한 요소이고, 자유무역은 자기조정적 시장의 국제적 확대라는 점에서 폴라니는 근본적으로 그 제도의 사회적 결과에 부정적이었다. 어쨌든 금본위제는 19세기 유럽 평화의 중요한 구성요소였다.

2) 세력균형 체제와 금융대자본

국제적 수준에서 금본위제와 긴밀한 관계가 있던 것이 바로 강대국들 사

and Peace," Paper Presented for the 43th Annual Convention of the International Studies Association[New Orleans(March 23~27). 2002], p.16.

3) GT, p.14, p.252.

이의 세력균형이었다. 세력균형은 역사적으로 종종 나타나는 현상이지만, 19세기 유럽평화에 기여한 중요한 요소였다. 원래 세력균형은 3개나 그 이상의 권력 단위가 서로 일정한 관계의 설정을 통해 힘의 균형을 유지하려는 현상을 말한다. 다시 말해 강자가 권력을 강화하려고 하면, 약자들이 힘을 합쳐 거기에 대항하는 행동을 취해 주권을 보호하려고 하는 것이다. 이처럼 세력균형 체제에서는 어떤 국가가 현상유지를 파괴하려 할 경우, 다른 강대국들이 재결합하여 거기에 반대할 것이 분명하다. 따라서 해당 국가는 현상 타파를 위한 전쟁을 벌일 수 없기 때문에 평화가 유지되는 경향이 있다. 물론 역사적으로 보면, 주권 보호라는 이 목표는 계속 바뀌는 파트너 사이에 끊임없는 전쟁을 통해서만 달성될 수 있었다. 그것은 고대 그리스나 중세 북이탈리아 도시들 사이의 관계에서 증명되었다. 19세기의 특징은 이러한 세력균형이 전쟁이 아닌 평화를 통해 유지되었다는 점이다.[4]

그렇다면 그 요인은 무엇인가? 이와 관련하여 폴라니는 무엇보다도 시장경제와 국제평화의 연관성에 대해 주목하였다. 사실 전통적으로 평화에 대한 관심은 국가체제 영역 밖의 일로 간주되었다. 국가의 행위와 관련해서 군사적인 개입이 당연시되었고, 정부도 평화를 안보나 주권에 종속시켰다. 그렇지만 1815년 이후 상황이 바뀌게 되는데, 무엇보다도 프랑스 혁명 이후 복고적 분위기하에서 산업혁명이 고조되고, 그러면서 자유로운 경제활동을 위해 평화에 대한 관심이 커졌다. 당시 유럽의 국제정치에서 가장 영향력이 있던 정치가 메테르니히(Klemmens Venzel Fürst von Metternich)[5] 도 유럽인이 원하는 것은 자유가 아니라 평화라고 공언하였다고 한다.[6] 이

---

4) 물론 당시 유럽의 평화는 강대국 간 전면전의 부재를 의미할 뿐, 실제 개별 국가들 내에는 수많은 혁명과 반혁명의 갈등이 반복되었고, 무자비한 식민지 개척 전쟁이 있었다. 다만 이러한 갈등이나 전쟁이 국지적인 성격을 보이고 있었을 뿐이다(GT, pp.5~6).

5) 메테르니히(1773~1859): 오스트리아 정치가, 외교가. 나폴레옹 혁명으로 붕괴한 구체제의 회복에 기여.

6) GT, p.7.

러한 평화에 대한 관심은 나폴레옹 전쟁 이후 1815년부터 1914년 제1차 세계대전의 발발까지 100년 동안 세력균형에 의해 뒷받침되었다.

유럽 평화의 제도적 장치로서 세력균형과 관련하여 폴라니는 위의 100년을 3단계로 구분하여 설명한다. 첫 번째 단계는 1815년부터 1845년까지 30여 년간 유지되었던 신성동맹(Holy Alliance) 기간이다. 신성동맹 체제는 개별 국가의 주권보다는 강압적인 힘과 이데올로기를 통한 국제평화가 강조되는 기간이었다. 당시 평화의 주창자들은 평화에서 가장 큰 혜택을 받는 부류였다. 이들은 직전까지 유럽을 휩쓸었던 혁명적 물결에 의해 세습적 지위를 위협받던 세습군주와 봉건귀족이었다. 문제는 세력균형하에서도 평화에 대한 위협이 늘 존재할 수밖에 없기 때문에 갈등을 근본적으로 제거할 제도적 장치가 요구된다는 것이다. 이를 위해 신성동맹에서는 유럽 각국의 왕과 귀족 사이에 일종의 국제적 혈연관계가 맺어지고, 그것이 로마교회의 위계질서에 의해 보완되면서, 각 지역별로 효과적인 지배수단이 마련되었다.[7]

두 번째 단계는 1846년 신성동맹의 와해부터 1870년 프랑스-프로이센 전쟁까지 약 25년 동안 불안정한 유럽평화가 유지되었던 기간이다. 이 단계에서는 산업화가 전개되고 사회혁명이 다시 활기를 띠면서 봉건세력의 힘이 약화되었다. 세 번째 단계는 프랑스-프로이센 전쟁을 거치면서 소위 유럽합중주(Concert of Europe)라고 하는 새로운 세력균형체제가 성립되어 평화가 회복된 기간이다. 유럽합중주의 특징은 신성동맹과는 달리 강한 봉건세력이나 교회의 지지가 없었고, 매우 느슨한 연방제적 성격을 가졌다는 점이다. 강대국들 사이에 대화가 결여되었고, 공동의 군사적 행동도 별로 없었으며 오히려 음모, 질투, 외교적 훼방 등이 난무하였다. 그런데도 유럽합중주는 신성동맹과 같은 공동의 군사적 개입과 같은 수단이 없이도 평화를 유지하였다. 폴라니에 의하면, 그것은 바로 금융대자본(haute finance)을

7) GT, p.17.

중심으로 하는 국제 금융체제 때문이었다.[8]

1870년경 런던의 은행들을 중심으로 하는 로스쉴즈(Rothschilds)와 같은 금융대자본이 형성되었다. 이들은 무엇보다도 자본의 집중, 국제적 거래의 청산, 무역과 투자를 위한 재정 지원, 채권 발행, 국제적 유동자본에 대한 투자기회의 제공 등을 통해 국제 금융체제를 지배하였다. 당시 금융자본들은 사업적 이익에 입각한 사적인 조직이었지만, 재정-자본-금융의 협조적 운영을 위해 국제적 조직망을 갖고 활동을 전개하였고 어느 한 정부에 종속되지 않았다. 이들은 국제평화에도 관심을 가졌다. 강대국 사이에 전면전이 발생할 경우 국제금융 사업이 피해를 입을 수밖에 없기 때문에, 본의 아니게 평화의 유지가 관심사가 되었던 것이다.[9]

금융대자본의 영향력은 중근동과 북아프리카, 중국 등 광범위한 식민지·반(半)식민지 지역들에 대한 비공식적 재정 관리를 통해서도 확보되었다. 평화가 매우 위태로운 이 지역들에 대해서 금융대자본은 철도나 운하 건설 등 장기적인 자본 투자를 위한 여건을 확보하기 위해서 적어도 강대국 간 전면적인 전쟁을 피하지 않으면 안 되었다. 또한 철도의 경우 다양한 정도의 친소 관계에 있는 나라들을 통과해야 하기 때문에, 해당 지역 정부에 대하여 일정한 통제를 필요로 하였다. 실제 평화가 위협을 받기 쉬운 일부 지역에서는 금융대자본이 정부의 재정 관리를 담당하는 경우도 있었다. 결국 국제적 금융자본들은 보편적 평화, 특히 강대국 간 전면전의 회피에 큰 이해관계가 있었다. 세계 경제조직과 정치적 세력균형 사이의 연결고리가 된 금융대자본의 역할은 1930년대까지 계속되었다.

---

8) GT, pp.18~19.

9) GT, pp.10~11. 물론 금융자본자들은 평화주의자가 아니며, 오히려 전쟁의 비용을 조달함으로써 이익을 챙기기도 하였다.

2. 국제질서의 위기

1) 국제적 수준에서의 이중운동과 보호주의

앞서 언급한 것처럼 폴라니는 시장경제에서 나타나는 이중운동이 결국 자기조정적 시장을 훼손시킴으로써 사회적 갈등을 더욱 심화시킨다고 했다. 갈등은 19세기 후반부터 20세기 초반 서구사회에서 보편적으로 나타났다. 개별 국가들 내에서 지역적 내지는 문화적인 차이가 있다고 하더라도 서구사회는 이미 시장제도에서 통일성이 존재하였다. 따라서 이 기간의 사회적 갈등은 매우 유사한 패턴으로 나타났다. 폴라니는 이 갈등을 크게 4개의 중요한 영역으로 구분한다. 첫째, 국내경제에서는 여러 가지 불균형의 징후들이 나타났는데, 대표적인 예가 바로 심각한 실업문제였다. 둘째, 국내 정치에서는 사회세력들의 비타협적인 투쟁, 즉 계급갈등이 첨예화되었다. 셋째, 국제경제 영역에서 국제수지의 불균형이었는데, 그것은 수출의 감소, 불리한 교역조건, 수입 원자재의 부족, 대외투자의 손실 등으로 나타났다. 국제수지의 불균형은 국제금융체제의 불안정으로 이어졌다. 마지막으로 국제정치에서 갈등은 제국주의 국가들 사이의 경쟁에서 가장 두드러지게 나타났다.[10]

국내외 정치경제적 문제들 사이에는 상호 깊은 연관성이 존재하였다. 그 예로서 실업의 문제를 들 수 있다. 한 국가가 경기침체로 대량실업이 나타나게 되면, 은행의 대출 확대를 통해 투자를 확대시켜 일자리를 창출할 수도 있다. 그렇지만 그것은 인플레이션과 그에 따른 환율의 불안정으로 이어질 수 있기 때문에 제약을 받는다. 특히 중앙은행의 입장에서 통화가치의 안정을 위해서는 은행의 대출을 억제해야 한다. 실업문제는 정치적 영역에서 제기될 수도 있다. 이를테면 노조는 제휴하고 있는 정당에게 실업

10) GT, p.209.

문제를 의회에서 제기하도록 요구할 수 있다. 그렇지만 실업대책으로서 구제나 공공사업과 같은 정책의 가능성은 예산 균형의 요구에 의해 제약을 받는다. 그것은 예산 균형은 통화량과 마찬가지로 환율의 안정성을 위한 전제조건이기 때문이다. 실업문제의 완화를 위한 국가의 공공사업이 상속세와 같은 재원의 보조를 받는다면, 그것은 각 집단 간의 이해와 권리에 관련되는 것으로서 정치적인 문제가 될 수 있다. 실업문제는 물가하락에 근거한 임금인하와 같은 경제적인 방식으로 완화시킬 수도 있다. 다만 노동자의 기득권에 반해서 정부의 조치가 노조에게 강제될 때, 정치적인 사안이 될 것이다.[11]

더욱이 실업을 둘러싼 갈등은 환율을 비롯한 대외경제 문제이기도 하다. 금본위제하에서는 정부의 예산적자나 은행신용의 확대와 같은 조치를 수반하는 실업대책은 국내 물가상승을 의미하고, 이것은 다시 수출감소와 국제수지 불균형을 유발하게 된다. 이 경우 해당 국가는 외화보유액의 감소와 그에 따른 통화가치 하락의 압력을 받게 된다. 이것은 다시 국제정치적으로 약소국에게는 국가위상의 저하를 가져오고, 강대국에게는 외국시장과 식민지 개척과 같은 제국주의 경쟁을 자극하게 된다.[12] 결국 시장에서 발생하는 갈등이 다른 영역으로 확대되면서 국가, 금본위제, 세력균형 등에도 부정적인 영향을 주게 되는 것이다.

이처럼 국내외 정치경제제도들이 상호 긴밀한 연관성을 가진다는 폴라니의 시각에서 보면, 제국주의와 같은 현상에 대해서도 독특한 해석이 가능하게 된다. 자유주의자들에게 1880년대 서구에서 나타난 제국주의는 '종족적 편견에 대한 감정적 호소'[13]에 기반을 둔 비이성적인 신화일 뿐이다. 제1·2차세계대전도 결국 이러한 감성적 정책에 대한 이성적 제어가 제대로 이루어지지 못한 것이 그 원인이었다. 이들에 의하면 국가나 제국은

11) GT, pp.209~210.
12) GT, pp.210~211.
13) GT, p.211.

어떤 양심의 가책도 없이 이웃나라들을 삼키려고 한다는 점에서 선천적으로 제국주의적(팽창주의적) 속성을 가지고 있다. 그렇지만 폴라니에 의하면, 국가나 제국이 언제나 팽창적인 것은 아니다. 오히려 근대자본주의는 수축주의(contractionism)에서 출발하였고, 오랜 기간이 지난 뒤에야 비로소 제국주의로 전환되었다.14)

자본주의 초기 단계에서의 수축주의는 그 이전에 존재하였던 대제국의 해체를 의미하였다. 수축주의는 바로 경제적 이유에서였는데, 유럽에서 7년 전쟁15) 이후 시장의 급속한 팽창 때문이었다. 처음 유럽 국가들의 대외 진출은 교통과 통신 수단이 비교적 발달하지 못한 상태에서 이루어졌기 때문에 해외 식민지의 건설이 선호되었지만, 이제 교통이 발달함에 따라 식민지는 오히려 유지비용만 많이 드는 거추장스런 것이 되었다. 그와 함께 자유무역의 확대에 따라 값싼 원자재의 조달과 같은 수입보다는 수출이 중요시되었는데, 수출은 반드시 식민지를 운영하지 않고도 단순히 경쟁자보다 더 값싸게 파는 방식으로도 확대할 수 있었다. 폴라니는 당시의 국제적 상황을 다음과 같이 묘사하고 있다.

일단 [미국을 비롯한 — 지은이] 대서양 연안의 식민지들이 상실되자, 캐나다가 대영제국에서 이탈하였다(1837). 디즈레일리(Benjamin Disraeli)16)조차도 서아프리카를 처분할 것을 주장하기도 하였다. 남아프리카의 오렌지 왕국과 태평양의 몇몇 섬들은 대영제국의 가입이 거부되었다. 자유무역 신봉자와 보호주의자, 자유주의자와 열성적인 토리당원 모두 식민지가 결국 정치적·재정적 부

---

14) GT, p.212.
15) 1756년부터 1763년 사이 프랑스, 오스트리아, 러시아 등을 한편으로 하고, 프로이센, 영국 등을 다른 한편으로 하여 유럽, 북미, 인도 등지에서 발생한 전쟁. 그 주요 원인은 한편으로 프랑스와 영국간의 식민지 경쟁과 다른 한편으로 독일에서의 패권을 둘러싼 오스트리아와 프로이센 사이의 갈등이었다.
16) 디즈레일리(1804~1881): 영국의 보수당(토리당) 정치가. 말년에 수상을 역임하면서 공격적인 대외정책으로 피지섬과 트랜스바알의 합병, 아프간 침략, 수에즈운하 통제권 매입, 러시아-터키전쟁 개입에 의한 러시아 남하의 억제 등 업적을 남김.

담이 될 수밖에 없는 낭비만 야기하는 자산이라고 확신하였다. 1780년부터 1880년 사이에 식민지를 이야기하는 사람은 구체제의 옹호자로 간주되었다. 중산층도 전쟁과 정복을 왕조의 음모로 비난하였고, 평화를 옹호하였다. …… 영국에 이어 프랑스와 독일도 이러한 흐름에 참여하였다. 프랑스도 팽창의 속도를 줄이며, 식민지 개척보다는 유럽 내에서 우위를 지향하였다. 독일의 비스마르크도 발칸에 대한 직접적 개입을 거부하고, 반(反)식민주의의 선전을 지원하였다.17)

각국 정부가 이처럼 반(反)제국주의적 입장을 취하는 반면, 민간기업들의 대외진출은 더욱 활기를 띠었다. 영국에서는 랭카셔의 섬유수출업자들의 주장으로 동인도회사가 해산되었고, 정부도 일종의 투기로 간주되는 해외투자에 대한 지원을 거부하였다.

그런데 국내적 차원에서 정치와 경제의 분리가 국제적 차원에서 확인되는 순간 갑자기 보호주의가 나타났다. 앞서 언급한 이중운동의 한 측면으로서 금본위제의 도래 자체가 보호주의를 확대시켰던 것이다. 무엇보다도 비슷한 시기에 도입된 금본위제에서 통화의 안정성이 중심된 사안이 되었고, 그에 대한 적응은 앞서 실업의 예에서 나타난 것처럼 다수의 국민들에게 고통스런 결과를 수반할 수밖에 없었다. 금본위제가 등장하면서 — 경제적 우위를 점하고 있던 영국만 제외하고 — 안정된 환율이 중요한 의미를 가졌고, 이를 위해서 관세, 공장법, 그리고 적극적인 식민정책과 같은 보호주의적 제도들이 요구되었다. 이러한 요구는 보호 장치가 없이 시장개방이 강요된 식민지 내지는 반식민지 지역이 '총체적 불행'과 '타락'에 빠지고, 때로는 존립 자체가 위협받았던 것을 본다면 이해할 수 있다. 물론 유럽의 경우 그 위협은 더 작았고, 경제적 의미만은 아니었지만, 그것은 중요하지 않았다. 폴라니의 표현에 의하면 어떤 사회도 '실업의 재앙, 산업과 직업의 교체와 그에 따른 도덕적·심리적 고통'에 대해서 무관심할 수는 없었다.

17) GT, pp.212~213.

따라서 시장경제의 확대를 위한 최고의 수단인 금본위제의 도입에는 대개 사회입법과 관세와 같은 보호주의적 정책들이 수반되었다.[18] 이러한 관점에서 본다면, 보호주의는 금본위제와 같이 시장을 확대시키는 제도의 불가피한 산물이었다.

보호주의는 1870년대 농업의 위기와 1873~1886년 사이 대규모 경기 침체를 거치면서 노골화되었다. 위기로 인해 시장의 자기치유적 능력에 대한 신뢰가 상실되었다. 자유무역과 고정환율제의 파괴적 결과에 대응하여, 각국은 중앙은행에 의한 통화 확대와 관세의 도움으로 실업과 경제 불안정으로부터 스스로를 보호하려고 하였다. 그렇지만 이러한 개입주의에 의해 세계 시장체제는 훼손되었다. 한 나라의 수입관세는 다른 나라의 수출을 저해하였고, 이러한 상황에서 후자는 정치적으로 보호받지 못하는 지역에서 시장의 확보를 시도하게 되었다. 이것은 다시 강대국들 사이의 제국주의 경쟁으로 이어지게 되었다. 제국주의 경쟁은 당시 제조업 열기로 인한 원자재 조달의 필요성에 의해 더 자극되었다. 정부도 식민지에서 자국 국민들의 사업을 지원하게 되었다. 결국 강대국들은 한편으로는 그들 사이의 교역을 축소해 자급자족을 강조하면서, 다른 한편으로 해외에서 식민지 개척을 통해 시장을 확보하려고 하였다. 이러한 의미에서 폴라니에 의하면 제국주의는 경제학적으로는 매우 불합리한 모순을 갖고 있었다.[19]

2) 금본위제의 해체와 정치적 위기

한편 유럽합중주는 정치적으로 1890년대까지는 아직 그런대로 기능했다. 영국은 아프리카에서 프랑스와, 아시아에서 러시아와 각각 이해의 차이가 있었다. 독일, 이탈리아, 오스트리아로 구성된 3국동맹 이외에도, 이처럼 2개 이상의 독립적인 세력들이 서로 견제하였기 때문에 세력균형이

---

18) GT, pp.213~214.
19) GT, pp.215~217.

유지되었다. 그렇지만 이러한 세력균형은 오래 가지 못하였는데, 그것은 영국이 프랑스 및 러시아와 화해를 함으로써 3국 동맹에 대한 일종의 역동 맹이 형성되었기 때문이었다. 느슨한 독립적 국가들로 구성되어 있던 유럽 합중주는 이제 두 개의 적대적인 세력집단으로 대체된 셈이었다. 이로써 일방의 세력강화 시도에 대해, 다른 측과 힘을 합하여 그것을 견제할 수 있는 제3세력의 존재에 기반을 둔 세력균형 체제도 종말을 고하고 말았다. 동시에 식민지 경쟁과 해외시장 쟁탈이 벌어지면서 자유주의에 기반을 둔 세계경제체제도 해체되기 시작하였고, 그와 함께 금융대자본의 전쟁억제 능력도 급속히 약화되었다.[20]

금본위제는 1914년부터 1918년까지 영국·프랑스·러시아 등의 연합국과 독일·오스트리아 등의 동맹국 사이에 벌어진 제1차세계대전으로 점차 포 기되었다. 그것은 전함의 구축과 무기제조 등 대규모 전쟁비용이 발생하였 고, 여기에 각 국가들은 금으로 태환해 줄 수 있는 액수보다 많은 화폐를 발행하였기 때문이다. 특히 독일은 혹시 전쟁에서 이긴다면 받게 될 배상 금으로 자국통화에 대한 태환이 가능할 것이라는 판단 아래, 전쟁의 승리 를 위해 대규모 통화를 발행하였다. 미국이나 영국도 금의 이동에 대한 통 제와 은행체제의 개혁 등 조치를 취했으나, 결국 전쟁비용으로 인해 금본 위제를 포기하지 않으면 안 되었다. 더욱이 종전 이후 독일을 포함한 패전 국들에 대한 과도한 전쟁배상의 요구는 사태를 더욱 악화시켰다. 그것은 과도한 배상금 때문에 패전국들은 스스로 금본위제로 복귀할 능력을 상실 하였기 때문이다.

금본위제 아래에서는 금과 연동된 통화의 가치가 보장되었는데, 금본위 제가 파괴되면서 각국 통화가치의 요동과 특히 물가상승이 다시 나타나게 되었다. 1920년대 초반 이러한 금융위기로 말미암아 통화가치가 중대한 국내 정치적 문제로 대두하였고, 이에 국제적 통화체제가 정치가들 사이에

---

20) GT, p.19.

중요한 이슈가 되었다. 결국 통화위기의 반복으로 인한 정치적 불안에서 벗어나기 위해서는 금본위제로 복귀해야 한다는 의견이 대두되었다. 금본위제는 또한 평화적인 국제질서를 경제적으로 뒷받침할 수 있는 건전한 국제통화 체제로 간주되었다. 왜냐하면 안정된 환율과 그것을 바탕으로 하는 자유무역이 없이는 과거와 마찬가지로 개별 국가에게 평화는 부수적인 이해로 남을 수밖에 없기 때문이다. 그와 함께 19세기에 로스실드가 그랬던 것처럼 J. P. 모건(Morgan)과 같은 금융대자본의 역할이 두드러지게 되었다.21)

제1차세계대전 이후 1920년 창설된 국제연맹을 중심으로 자유시장 질서의 회복과 안정된 통화체제로서 금본위제로의 복귀가 추진되었다. 이를 위해 임금 인상의 억제, 사회보장의 축소가 수반된 재정긴축이 실시되었고, 결국 1920년대 중반을 거치면서 강대국들은 대부분 금본위제로 복귀하였다. 그런데 이러한 노력에도 불구하고 상황은 제1차세계대전 이전에 비해 나을 것이 없었다. 앞서 언급한 것처럼 금본위제는 디플레이션을 야기하는 속성을 갖고 있었는데, 이것은 무엇보다도 채무국에게 부채의 상환을 더욱 비싸게 하고, 그에 따라 기업의 파산이나 대량실업과 같은 사회적 비용도 더욱 크게 하였다. 반대로 채권국의 경우에는 과도한 인플레이션의 문제를 안고 있었다. 주요 국가들 사이에 물가상승과 물가하락의 폭이 너무 커서 환율이 중대한 문제로 대두되었고, 이러한 상황에서 개별 국가들은 스스로의 기준을 만들어 금본위제의 규칙을 자주 위반하게 되었다. 더욱이 안정된 통화는 궁극적으로 자유무역을 위한 것인데도 환율의 안정에 필요한 외화의 확보를 위해 자유무역을 제약하는 각종 조치를 취하지 않을 수 없었다.22) 그 결과 의도와는 반대로 각국은 점차 자급자족적 경제로 전환되었다.

결국 국제연맹 체제에서 자유시장의 회복이라는 목표가 있었지만, 그 방법에서는 국가에 의한 강력한 보호주의적 개입 방식에 의존하지 않을 수

---

21) GT, p.22.
22) GT, pp.26~27.

없었다. 다시 말해 세계대전 과정에서 나타난 인플레이션을 벗어나 경제질
서를 바로잡고, 특히 이를 위해 가장 중요하다고 간주되었던 환율의 안정
을 회복하기 위해서, 정부는 독점상품의 가격 억제, 노사간 합의되는 임금
수준의 억제, 지대의 축소 등과 같은 방식을 취하지 않을 수 없었다. 이것
은 '강력한 정부하의 자유경제'라는 것으로 원래의 의도와 반대로 자유주
의 경제의 두 축인 자유시장과 자유정부를 희생시키는 결과를 가져왔다.
자유주의자들은 환율의 안정에 매달린 나머지 거기에 수반된 수많은 사회
적·정치적 문제들을 도외시하였다. 동시에 민주화에 대한 요구와 노동운동
의 확대와 같은 국내적 상황은 임금과 고용을 경직시켜 경제 전반의 적응
능력을 약화시켰다.23)

국내 정치적 요구와 더불어 1930년대 대공황에 의해 야기된 경제적 재
난으로 각국 정부들은 금본위제를 포기하게 되고, 거시경제적 개입정책을
추구하게 되었다. 금본위제의 포기와 더불어 국제연맹이나 국제적 금융대
자본도 유지되지 못하였다. 금본위제가 사라지면서 국제연맹의 평화에 대한
조직적인 관심과 금융대자본의 평화유지 기능도 상실하게 되었던 것이다.

요컨대 제1차세계대전 이후 평화와 질서 회복을 위한 각종 시도들은 전
쟁 이전, 즉 19세기 체제의 회복을 의미하였다. 이러한 의미에서 당시 조
치들은 근본적으로 보수적이었다. 정치적으로 제1차세계대전 이후 유럽의
전후 체제는 평화를 담보할 수 있는 조건을 만들어내지 못했다. 독일 등
패전국에 대한 일방적인 무장해제로 인하여 세력균형은 회복하기 어려워
졌다. 일부에서는 19세기 유럽합중주와 같은 역할을 국제연맹이 담당할
것을 기대하였으나, 만장일치 원칙은 회원국 간에 합의된 의견을 도출할
수 없게 만들었다. 이러한 상황에 대한 유일한 대안은 국가의 주권을 초월
하는 조직적인 힘을 가진 국제질서를 성립시키는 것이었으나 당시 미국은
말할 것도 없고 유럽의 국민국가들은 그러한 체제를 수용할 만한 여유가

---

23) GT, pp.231~232.

없었다.[24] 그 결과 세계는 다시 한번 대규모 전쟁을 수반하는 총체적 위기를 경험하게 되었다.

---

24) GT, pp.21~22.

제7장

대안적 사회의 전제들

1. 복합사회와 민주주의

폴라니에 의하면, 우리는 19세기에 정점에 달하였던 시장경제가 종료되고 오늘날 새로운 경제체제가 형성되는 전환기에 있다. 그것은 경제가 사회를 지배하는 것이 아니라, 경제에 대한 사회의 우위가 확보되는 새로운 단계를 의미한다. 폴라니에 의하면,

> 인간이 지난 1세기 동안 맹목적으로 '물질적 개선'에 매진해 왔다면 이제 '사회적 삶(habitation)'을 회복하고 있다. 산업주의가 인류를 파멸시키지 않게 하기 위해서는 그것을 인간 본성의 요구에 종속시켜야 한다. 시장사회에 대한 올바른 비판은, 그것이 경제논리에 기반을 두었기 때문이 아니라 — 어떤 의미에서는 모든 사회가 그것에 기반을 두지 않으면 안 된다 — 시장사회에서 경제가 이기주의에 기반을 하고 있다는 점이다. 이러한 경제생활 조직은 전적으로 부자연스러울 뿐만 아니라 엄격하게 경험적인 의미에서도 예외적이다.[1]

그의 판단으로 시장체제는 이미 더 이상 자기조정적이지 않으며 노동,

---

1) GT, p.249.

토지, 그리고 화폐는 더 이상 시장에 의해 지배되지 않는다. 노동의 예를 들면 노동시간, 임금과 같은 노동조건은 몇 가지 부가적인 내용을 제외한 다면 사적인 계약형태를 띠지 않는다. 그것들은 대개 시장외적 방식으로 결정되는데, 이를테면 노조, 국가, 그리고 다른 공공조직들이 관여하는 것이다. 협상 내용에서도 화폐소득과 같은 경제적 이익 이외의 비경제적 동기가 더욱 중요하다. 그 외에 토지의 거래와 식량이나 농산물 재료의 가격 결정도 시장에 맡겨두고 있지 않다. 통화와 관련해서도 정부에 의한 화폐 발행과 '기능적 재정'에 의해 투자와 저축률이 조정되고 있다.[2] 이러한 의미에서 오늘날 '자유 자본주의(liberal capitalism)'는 거의 존재하지 않는다.[3]

그렇지만 시장자유주의의 소멸과 더불어 시장경제의 모든 문제들이 해소된 것은 아니다. 그것은 시장경제의 문제는 본질적으로 산업문명이라는 더 큰 문제의 일부일 뿐이기 때문이다. 폴라니에 의하면,

> 우리는 기계사회에서 인간의 삶을 어떻게 조직할 것인가 하는 문제에 새롭게 직면하고 있다. 경쟁적 자본주의 조직의 점진적인 소멸의 이면에는 [인간을— 지은이] 무력화시키는 노동분업, 삶의 획일화, 유기체적 구조에 대한 기계적 구조의 우위, 자발성에 대한 조직의 우위를 수반하는 산업문명의 불길한 전조가 나타나고 있다.[4]

이러한 문제의식에 근거하여 폴라니는 시장에 기반을 두지 않는 새로운

2) GT, pp.251~252.
3) 시장사회의 소멸에 대한 폴라니의 이러한 판단은 성급했다는 비판을 받기도 하지만, 그런 비판이 전적으로 옳은 것 같지는 않다. 사실 폴라니는 시장의 기능이 사라질 것으로 보지 않았다. 다만 자기조정의 기구로서 시장의 존재가 사라질 뿐이다. 그에 의하면 "단일한 시장경제의 해체가 여러 가지 새로운 사회형태들을 만들어내고 있다. 또한 시장사회의 종말은 결코 시장들의 부재를 의미하지 않는다. 시장들은 다양한 방식으로 계속 존재하여 소비자의 자유를 보장하고, 수요의 변화를 보여주며, 생산자의 수입에 영향을 주고, 회계의 수단으로 쓰인다. 다만 시장들은 더 이상 경제적 자기조정의 기관(器官)이 아니게 되었다(GT, p.252)."
4) PAME, p.59.

산업문명의 가능성에 대한 모색을 시도하고 있다. 물론 많은 사람들은 거기에 대해서 회의적인데, 이들은 제도의 공백, 그리고 특히 자유의 상실을 두려워하고 있다. 그렇지만 그에 의하면, 실제 이러한 대전환은 이미 시작되었고, 그 과정에서 인간은 그 변화의 대가를 지불하고 있다. 그것은 사회경제적 해체, 경기침체의 비극적 반복, 화폐가치의 변동, 대량실업, 사회적 지위의 변화, 역사적 국가들의 대대적 몰락 등으로 나타나고 있다.5) 시장경제는 원천적으로 불가능한 체제이기 때문에, 그것을 억지로 회복시키려는 노력은, 그 의도에 상관없이, 성공할 수 없다. 그것은 오히려 파시즘이나 제국주의와 같은 악을 제거하기보다는 그것들이 다시 소생하도록 도와줄 뿐이다. 결국 파시즘과 같은 파국을 피하기 위해서는 시장에 대한 통제가 이루어지는 다른 경제체제를 찾지 않으면 안 된다.

그렇다면 시장자유주의에 대한 대안은 어떻게 찾아야 할 것인가. 폴라니에 의하면, 방안은 크게 두 가지로 요약될 수 있다. 하나는 사회 구성원 다수에 대한 높은 수입과 물질적 풍요의 보장이고, 다른 하나는 기술과 경제조직이 인간 공동체의 요구에 종속되는 새로운 사회의 창조이다. 전자의 대표적인 예가 복지국가와 동유럽 사회주의이다. 그렇지만 폴라니의 시각에서 보면, 이러한 방안은 물질적 풍요와 보장만을 지나치게 강조하고 있다. 폴라니가 보는 자본주의의 문제점은 경제에 대한 인간의 예속과 그에 따른 탈인간화이다. 따라서 궁극적 방안은 기술이 사회적 관계와 윤리적 규범을 반영할 수 있도록 의식적으로 조직되는 공동체적 사회를 창조하는 것이다. 이것은 무엇보다도 경제 과정에 민주주의를 제도적으로 도입하는 것을 의미한다. 그래야만 오늘날 소위 복합사회(complex society)의 특징으로서 한편으로는 정치적 자유와 평등, 그리고 다른 한편으로는 경제적 예속과 불평등의 모순을 극복할 수 있다. 앞서 언급한 것처럼 파시즘은 시장경제의 모순을 해결하기 위해서 정치적 영역에서 민주주의를 파괴하고, 경

---

5) GT, p.250.

제질서만을 그대로 유지시키는 방식이다. 그에 반해 폴라니에 의하면 모순의 해결은 민주주의를 경제영역까지 확대하는 것이다. 그에 따르면,

현대 산업사회는 궁극적으로 민주주의와 파시즘 둘 중 하나이다. 현대 산업사회는 인간의 평등과 책임이라는 이상에 바탕을 두거나, 아니면 그것들의 부정에 바탕을 두어야 한다. 그런데 오늘날과 같은 복잡한 삶의 조건하에서는 민주주의 원리들이 경제체제 자체를 포함하여 전체 사회까지 확대되지 않는다면 지탱할 수 없다.6)

결국 인간과 사회에 대해서 이제까지 시장경제에서 지배해 온 것과 전혀 다른 방식의 인식과 접근이 이루어져야만 한다. 폴라니에 의하면 그러한 노력에는 무엇보다도 사회 내에서 경제가 차지하는 위치에서의 변화가 포함되어야 한다. 그의 용어로 말한다면, 사회적인 관계가 자기조정적 시장을 기초로 하는 경제에 지배되는 것이 아니라, 경제를 사회적 관계에 다시 흡수하여 통제해야 한다.7) 환언하면, 사회의 지배적인 축이 경제에서 도덕과 정치로 옮겨져야 한다. 특히 인간의 가장 중요한 목적이 경제적 발전과 성장에서 평화와 자유로 전환되어야 한다.8) 이것은 궁극적으로 폴라니가 '사회적 삶(habitation)'이라고 부르는 일종의 공동체적 삶의 회복을 의미한다.9)

6) Karl Polanyi, *Europe To-day*, W.E.T.U.C.(London: The Workers' Educational Trade Union Committee, 1937), p.56. 여기서는 Cangiani(1994: 13).
7) 이러한 의미에서 달톤은 폴라니의 대안적 사회 구상을 "인간주의적 개혁: 사회적으로 통제된 경제"로 요약한다(Dalton, 1968: xxi).
8) LM, p.xlv.
9) GT, p.240.

2. 자유와 타협

민주주의의 확대와 더불어 대안적 사회의 또 다른 중요한 전제는 자유이다. 폴라니는 시장경제의 종말로 인해 전례 없는 자유의 시대가 도래할 것이고 낙관하고 있다. 어느 때보다도 법률적·실제적 자유가 더 광범위하게 확대될 수 있다는 것이다. 시장경제에서 자유는 단순히 외부로부터 강제의 부재만을 의미하였다. 따라서 그것은 소수의 특권에 불과하였고, 진정한 의미의 자유가 아니었다. 그에 의하면 자유는 소수를 위한 것이 아니라 모두를 위한 것이어야 한다. 그리고 자유는 정치적 영역에 국한되는 것이 아니라 사회 조직 자체로 확대되어야 한다. 산업사회에서 모든 사람에게 여가와 안전을 제공할 수 있을 때, 비로소 그 사회는 정의롭고 자유롭다고 할 수 있다.

그렇다면 복잡한 사회 현실에서 개개인의 자유를 어떻게 실현할 것인가. 폴라니는 자유의 문제를 제도적 차원과 본질적 차원으로 구분한다. 먼저 제도적 차원에서 자유란 집단이나 개인들 사이에 자유의 조정과 관련되는 것으로써 사실 새로운 문제는 아니다. 어떤 규제는 일부의 사람들에게는 자유의 확대를, 일부의 사람들에게는 자유의 제한을 의미한다. 소득의 격차에 의해 여가 등 생활의 자유가 정해지는 상황에서 소득을 강제적으로 조정하는 정책이 실시될 경우를 예로 들 수 있다. 강제적인 소득 조정 정책은 고소득 계층에게는 생활의 자유를 줄이는 결과가 될 것이고, 저소득 계층에게는 그 자유를 확대시킬 것이다. 결국 전체적으로 소득재분배 정책은 자유를 좀더 균형 있게 하는 것이며, 그것을 근본적으로 제한하는 것은 아니다.[10]

그런데 이러한 제도적 자유와는 달리 그 자체로서 보호되어야 하는 본질적 자유가 있다. 이 자유는 19세기 경제질서, 즉 정치와 경제의 제도적 분

10) GT, p.254.

리에 의해 자연적으로 형성되었는데, 그 과정에서 부분적으로 정의와 생활
보장을 희생해야만 했다. 이를테면 시장경제에서 일반화된 시민적 자유,
사기업, 그리고 임금제도 등이 도덕적 자유와 정신의 독립을 선호하는 생
활형태로 녹아들었다. 어떤 자유는 실직이나 투기에 의한 이윤과 같이 사
악한 것이지만, 어떤 것은 르네상스와 종교개혁의 귀중한 전통이기도 하
다. 폴라니에 의하면,

> 정립된 사회에서는 불복종의 권리가 제도적으로 보호되어야 한다. 개인은 ―
> 사회생활의 일부 영역에서 행정적인 업무를 담당하도록 위임된 ― 권력에 대
> 한 두려움 없이 자신의 양심을 자유롭게 따를 수 있어야 한다. 과학과 예술은
> 언제나 문인사회의 관할 아래 보호되어야 한다. 강제는 결코 절대적이어서는
> 안 된다. '반대자'에게도 은둔할 수 있는 여지, 즉 견딜 만한 삶을 남겨두는
> '차선'의 선택이 허용되어야 한다. 그래야만 자유로운 사회의 증거로서 불복종
> 의 권리가 보장될 수 있을 것이다.11)

자유의 보호와 관련하여 폴라니는 그 영역을 매우 포괄적으로 이해하고
있다. 그것은 집중화의 경향이 있는 국가나 관료의 권력 남용에 대한 개인
의 보호에서부터 노조나 정당을 포함한 산업사회의 대규모 조직에 대한 개
별 구성원들의 보호, 그리고 인종이나 성별, 정치 및 종교적 견해와 상관없
는 직업 선택의 보장에 이르기까지 다양하다. 거기에는 거대기업의 횡포나
국가 및 지방정부의 노동탄압 정책에서 노동자들을 보호하는 것도 포함된
다. 또한 실직이나 가난에서의 자유도 보장되어야 한다. 폴라니에 의하면
개인의 자유는 생산의 효율성, 소비의 경제성, 행정의 합리성이 그 대가로
치러야 하더라도 지키지 않으면 안 된다.12)
 물론 자유에 대한 장애물이 없지는 않다. 오늘날 계획이나 통제는 자유

---

11) GT, p.255.
12) GT, p.255~256.

의 부정으로 간주되고, 자유로운 기업활동과 사적소유만이 자유의 본질로
간주되고 있다. 폴라니와 동시대인인 하이에크(Friedrich August von Hayek)13)
와 같은 경제학자는, 정치적 자유는 시장경제의 산물이기 때문에 시장경제가
사라진다면 인간은 노예가 될 것이라고 주장한다. 그에 의하면 규제에 의
한 자유나, 정의, 또는 복지는 노예상태의 속임수일 뿐이다.14) 마찬가지로
시장경제가 사라지면 동료 사회 구성원을 착취하고 사적인 이익을 위해 공
적인 불행에 편승할 수 있는 유해한 자유는 사라지겠지만, 동시에 양심, 언
론, 집회, 결사, 직업 선택 등의 유익한 자유도 위험에 빠질 것이다. 자유주
의적 관점에서 보면, 경제 과정은 모두 개개인의 자유로운 계약형태를 띠
기 때문에 모든 것이 개개인의 의지로 결정된다고 간주된다. 개개인이 '자
유롭게' 생산하고 소비하는 것만이 절대적 가치가 있다고 보는 것이다. 그
것은 각각의 개인은 자신이 지불할 것은 지불했고, 어느 누구에게도 빚을
지고 있다고 생각하지 않기 때문이다.15) 따라서 정부의 시장에 대한 개입
은 최소한으로 억제되어야 한다.

그렇지만 폴라니에 의하면, 개인의 자유를 제도적으로 보장하는 방법은
어떤 경제체제와도 양립할 수 있다. 오히려 시장사회에서는 시장기제만이
결정인자로 작용함으로써 개인의 자유를 제약하고 있다. 더욱이 자유주의
자들이 주장하는 자유는 기껏해야 기업활동의 자유거나 소득이나 생활 보
장에 있어서 부족함이 없는 사람들의 자유에 불과하다. 대규모 트러스트나
독점기업들을 볼 때, 기업활동의 자유는 허구에 불과하다. 대다수 사람들
은 재산 소유자들의 권력으로부터 스스로를 보호할 수 있는 권리조차 갖지

13) 하이에크(1899~1992): 영국의 자유주의 경제학자. 자유시장에 대한 옹호와 정부의
개입주의에 대한 비판으로 유명. 1974년 노벨 경제학상을 수상하였고, 1980년대 신
자유주의 정책에 영향을 줌.
14) 대표적 예로서 하이에크의 『노예의 길(Road to Serfdom)』은 우연히도 폴라니의 『대
전환』과 함께 1944년도에 출판되었다. 여기서 하이에크는 자기조정적 시장을 포기하면
정치적 민주주의와 개인의 자유가 훼손될 수밖에 없다는 것을 주장하였다. 그에 따
르면 히틀러의 파시즘도 경제에 대한 국가 규제의 필연적 결과였다.
15) GT, pp.256~258.

못한다. 유럽에서 독점기업이나 파시즘이 등장한 것은 자유주의자들이 자유에 대한 망상에 사로잡혀 어떤 계획이나 규제를 수반하는 개혁을 방해하였기 때문이다.[16] 오늘날에도 자유방임주의 철학은 무의식적으로 경제결정론의 편견을 조장함으로써 사회운영 방법에 대한 인간의 상상력을 마비시키고 있다. 특히 자유주의적 관점에는 사회 전체에 대한 고려가 제한되어 있다. 중요한 자유로서 보장되어야 할 실업이나 궁핍과 같은 사회적 문제에 대해 책임을 느끼지 않고 있는 것이다. 결국 이러한 책임의식이 결여되면서 사람들은 자유의 이름으로 사회 현실을 외면하고 있다.

폴라니에 의하면, 본질적으로 권력과 강제가 없는 사회는 불가능하다. 개인이 자신의 의지만 강조한 나머지 그것들을 무시할 수는 없는 것이다. 권력은 한 집단의 생존에 필요한 정도의 의견합의(conformity)를 보장하는 기능을 담당한다. 한 사회에서 생산되는 재화의 가치는 인간의 욕구와 희소성을 만족시키도록 해야 하며, 이를 위해 사전에 경제적 가치의 평가와 그에 따른 노동의 분업이 조정되어야 한다.[17] 그렇다고 해서 폴라니가 사회 현실에 절대적 의미를 부여하는 것은 아니다. 그는 사회 현실을 최종적인 것으로 수용하지 않으며, 그에게 마찬가지로 중요한 것은 바로 개개인의 자유이다. 자유의 이상과 현실의 제약 사이의 타협점을 적극적으로 모색하지 않으면 안 된다. 복합사회의 자유에 관해서 폴라니는 다음과 같이 결론을 내리고 있다.

> 모든 사람들을 위해 더 풍부한 자유를 만들어내는 임무에 충실한 사람은, 자신이 권력이나 계획의 입안에서 소외되거나 또 자신이 구축한 자유가 파괴될 것이라는 두려움을 가질 필요가 없다. …… 자유는 우리가 필요로 하는 확실성을 우리에게 보장해주는 것이다.[18]

---

16) GT, p.257.
17) GT, p.258.
18) GT, p.258B.

결국 폴라니는, 우리의 참다운 자유는 개개인의 삶에 확실성을 보장할 때 비로소 가능하다고 말한다. 그리고 이러한 확실성을 보장하기 위해서는 앞서 언급한 오웬적 의미의 사회 현실, 즉 실체로서의 사회를 기본적으로 수용해야 하며, 거기에는 일종의 체념적 자세가 필요하다. 그리고 체념이란 적정 수준에서의 만족 내지는 타협을 의미한다. 그것은 기독교에서와 같이 사람이 죽음을 현실로 받아들임으로써 삶의 의미를 세우는 것과 유사하다.

에필로그

　처음에는 단순히 호기심에서 폴라니를 읽기 시작하였다가 결국 그에 관한 소개서를 쓰게 되었다. 지은이가 정치경제학에 어느 정도 관심이 있었던 것은 사실이지만, 경제인류학이나 경제사에 대해서는 거의 아는 것이 없었다. 대가들이 대부분 그렇듯이 폴라니는 인문사회과학의 각 영역들을 넘나드는 자유분방한 학제적 연구가였다. 그에 반해 오늘날 분과학문의 영역에서는 전문지식을 요구하는 풍토가 강하기 때문에, 폴라니를 균형 있게 이해하기란 그리 쉽지 않았다.

　지은이가 폴라니를 처음 접한 것은 1990년 베를린 대학 정치학과 재학시절로 기억한다. 당시 정치경제학에 관심을 갖고 있었기 때문에 국가도출론자의 한 사람으로 알려진 알트파터(Elmar Altvater) 교수의 자본주의 경제에 관한 강의를 듣게 되었다. 그는 시장경제의 중요한 특징으로 사회에서 경제를 분리하는 개념을 설명하면서 폴라니를 언급하였다. 당시 폴라니에 대해서는 더 이상 이해하지 못하였고, 그 후 중국지역 연구자의 길을 가게 되면서 그에 대해 따로 연구할 이유도 없었다. 그렇지만 귀국한 뒤에 국내에서도 그의 저작 몇 권이 번역되어 있다는 사실을 알게 되었다. 특히 그의 『대전환』을 직접 접하면서 점차 폴라니에 심취하는 느낌을 갖게 되었다. 물론 이 책 자체가 난해할 뿐만 아니라, 일본어 번역판에 의존한 한국어 번역도 오류가 많아서 내용을 파악하기가 매우 힘들었다.[1] 그래도 도처에서 발견되는 신선한 개념과 주장은 지적 호기심을 강하게 자극하였다. 시장경제가 인류의 역사에서 매우 우연적이며 예외적이라는 것, 그리고 인간의 본성이나 사회 진화의 결과가 아니라 일종의 유토피아적 관념에 입각한 계획된 프로젝트라는 것이 그 예이다.

폴라니의 업적이 유럽에서 시장경제의 형성과 전개에 대한 고찰에 그치는 것이 아니라 광범위한 경제인류학과 경제사연구에 있다는 점도 금세 드러났다. 역사적으로 존재하였던 각종 경제체제들, 특히 비시장적 경제체제들에 대한 연구는 폴라니의 중요한 학문적 기여로 간주되고 있는 것이다. 거기에는 그리스 도시국가에서 메소포타미아, 바빌로니아, 서아프리카의 다호메이, 뉴기니, 서멜라네시아의 트로브리앙에 이르는 다양한 사회들이 포함된다. 이러한 경제인류학 연구를 통해서 폴라니는 협소한 시장경제적 관념을 극복하여 대안적 사회에 대한 지평을 높이는 데 기여하였다. 그의 연구는 직접적인 현지 조사가 아니라 기존의 인류학적 발견들을 자신의 시각으로 해석하는 방식이지만, 단순한 사실의 정리 수준을 넘어 인간의 경제제도를 개념화·체계화함으로써 경제인류학의 토대를 닦은 것으로 인정된다.

폴라니의 저작을 섭렵함으로써 인간의 경제생활에 대한 다양한 시각을 얻을 수 있게 되었지만, 그의 사상을 체계적으로 재구성하는 것은 용이하지 않았다. 그것은 그의 연구대상이 매우 다층차적이고, 논점들이 여러 저술에 분산되어 있을 뿐만 아니라 논리의 전개가 은유적인 측면이 강하기 때문이다. 이제까지 폴라니의 사상에 대한 전반적인 소개서로는 한글로 번역된 스탠필드(J. R. Stanfield)의 『칼 폴라니의 경제사상(*The Economic Thought of Karl Polanyi*, 1986)』이 있을 뿐이다. 이 책은 폴라니의 주요 경제사상을

---

1) 이 책에서 한글 번역판을 사용할 수 없었던 것은 그러한 오류 때문이다.

비교적 균형 있게 소개하고 있지만, 다른 학자들의 논의와 비교하는 등 이
론적 해석에 충실한 나머지, 폴라니의 사상을 있는 그대로 사실적으로 전
달하는 데에는 부족함이 있다고 판단된다. 지은이가 이 책에서 2차 자료의
인용을 최소화하고 폴라니의 원전에 충실하려고 한 것은 이러한 이유에서
이다.

그렇다면 오늘날의 시각에서, 그리고 우리의 시각에서 폴라니의 가치는
어디에 있는 것일까. 이 문제는 이 책의 전체를 통해서 상당 부분 드러나
고 있다고 생각되지만, 직접 언급할 필요가 있다고 생각된다. 지은이의 생
각을 밝히기 전에 먼저 폴라니가 인용되고 있는 기존의 연구들에 대한 소
개를 하는 것이 나을 것이다. 실제 폴라니의 학문체계는 매우 광범위하고,
주장이 참신한 만큼 다방면에서 인용되고 있다. 우리들에게 비교적 잘 알
려진 몇 사람만 먼저 소개한다면, 자본주의 역사에 대한 해석과 관련해서
는 브로델(F. Braudel)과 홉스봄(E. Hobsbawm), 조절이론과 관련해서는 제숍
(B. Jessop), 복지국가 이론과 관련해서는 오페(C. Offe), 제도이론과 관련해
서는 노스(D. North) 등이 폴라니를 언급하고 있다. 그 이외에도 국제적 노
동문제, 글로벌화가 저발달사회에 끼치는 부정적인 영향 및 그에 대한 저
항, 사회주의 체제전환에 대한 설명, 도덕과 윤리적 차원에서 시장경제 비
판, 국제적 헤게모니 이론, 평화이론, 문화이론 등 매우 다양하다. 이러한
인용 내지는 원용의 사례는 지은이가 우연히 본 것들이므로 그 외에도 수
없이 많을 것이다.[2]

방법론적 측면에서 폴라니는 상당히 다르게 해석되고 있다. 가장 기본적
인 쟁점은 그의 논의에 대한 초점을 시장자유주의에 대한 비판적 측면에
둘 것인가, 아니면 경제에 대한 제도론적 접근에 둘 것인가 하는 것이다.
거기에 따라서 폴라니는 전혀 다르게 원용되고 있다. 물론 두 가지 접근이

---

[2] '칼 폴라니 정치경제학 연구소(Karl Polanyi Institute of Political Economy)'의 조사
    에 의하면, 1989년에서 2003년 여름까지 인터넷 웹상에서 폴라니가 인용되는 횟수
    는 2만 5,000건에 이르고 있다고 한다(Mendell, 2003: footnote 6).

반드시 서로 논리적으로 모순된 것은 아니지만, 독자들에게 전혀 다르게 전달되고 있는 것은 사실이다.[3] 시장자유주의에 대한 비판으로서 폴라니를 해석할 경우에는, 마르크스주의의 전통에서 시장경제가 갖는 부정적인 측면이 부각된다. 이를테면 이윤동기와 경쟁, 그리고 자기조정적 시장에 의한 자원의 배분이 야기하는 인간관계와 자연의 파괴가 강조된다. 그에 반해 제도론적 접근에 중점을 둘 경우, 경제활동 과정에서 인간에 의한 의식적인 제도의 창출이 강조된다. 이때 시장에 대한 대안으로서 다른 경제제도를 상정하기보다는, 자연발생적·자기조정적 성격의 시장에 대한 보완적 차원에서 제도의 중요성이 제기된다. 다시 말해 시장 자체의 원활한 작동을 위하여 일정한 형태의 상응하는 제도적 장치가 마련되어야 한다는 것이다.

이 책은 제도론적 접근의 중요성을 부정하지는 않지만, 전반적인 문제의식과 논리구조상 폴라니가 시장자유주의에 대한 비판에서 출발하고 있다고 보고 있다. 방법론으로써 제도에만 주목한 나머지 폴라니가 궁극적으로 제기하려고 했던 문제에 주목하지 않는 것은 적절하지 않다. 그는 자신의 목표로서, 20세기 초 서구 각국이 국내외적으로 직면한 위기와 관련하여 그 원인에 대한 규명과 그 대안의 모색을 분명하게 제시하고 있다. 그에게 자기조정적 시장은 이제 더 이상 인류의 생존을 담보해 줄 수 있는 경제체제가 아니었다.

그렇다면 폴라니에게 제도의 근본적인 중요성과 그 의의는 무엇인가. 그의 시각으로 제도는 자유주의 경제학에서 '보이지 않는 손'으로 시장의 자기조정적 성격에 대한 대안, 즉 일종의 '보이는 손'으로서 의의가 있었다. 따라서 폴라니에게서 발견되는 제도이론은 시장자유주의에 대한 비판을 위한 하나의 이론적 무기로 간주해야 한다. 특히 폴라니가 극복해야 할 과제로 시장중심적 시각을 제기하고 있다는 사실을 고려한다면, 제도는 시장

---

3) 자세한 내용은 김영진, 「칼 폴라니의 경제인류학 방법에 관한 고찰: 시장경제에 대한 대안을 찾아서」, 《국제정치논총》, 제44집 4호(2004), 49~50쪽 참조.

에 대한 보완이 아니라 그에 대한 대안의 의미를 가지고 있음이 분명해진다. 이러한 의미에서 본다면 폴라니를 제도론적 측면에서만 접근하는 것은 주류 경제학의 형식주의적 오류를 반복하게 된다.

물론 폴라니에 대한 비판도 없지는 않다. 가장 빈번한 비판은 그가 시장경제의 종말을 거의 기정사실로 간주하고 있다는 것이다. 다시 말해 『대전환』이후 지난 반세기 동안 시장경제가 버젓이 유지되고 있다는 점에서 그의 논의에 신빙성이 부족하다는 것이다. 여기에는 충분히 논쟁의 여지가 있지만, 지은이는 이러한 문제가 폴라니의 가치를 크게 떨어뜨리지는 않는다고 생각한다. 왜냐하면 오늘날의 시장경제는 폴라니가 다룬 시장경제의 문제점을 대부분 미해결 과제로 갖고 있을 뿐만 아니라, 오히려 글로벌화가 전개되어 그 파장이 더욱 커지고 있기 때문이다. 시장경제가 모든 사회적 관계를 상품관계로 획일화함으로써 내적인 모순을 갖고 있었던 것처럼, 오늘날 글로벌화는 이러한 모순을 전 세계적으로 확산시키고 있다. 그 과정에서 시장경제가 그 파괴적 성격 때문에 사회의 해체를 위협하였던 것처럼, 오늘날 신자유주의적 글로벌화는 주변 민족들의 문화적 정체성은 물론 그들의 경제적 생존을 위협하고 있다. 그것은 다시 물리적 저항을 야기하면서 인류의 평화를 위협하고 있다. 인종, 종교, 문화 등을 매개로 국제적·국지적 분쟁이 끊임없이 일어나고 있는 것이다. 이러한 의미에서 오늘날 폴라니 추종자들에게 그의 이론이 갖는 가치는 무엇보다도 글로벌화에 대한 대항이론의 제시에 있는 것 같다.

물론 지은이에게도 몇 가지 측면에서 이해하기 어려운 부분이 있다. 가장 의구심으로 남는 것은 폴라니 스스로가 추구했던 자유주의와 마르크스주의의 경제결정론에 대한 비판이 얼마나 성공을 거두었는가 하는 점이다. 폴라니 자신이 내놓은 대안은 시장경제의 이중운동 개념이라고 생각된다. 그에 의하면 시장경제의 전개 과정은 한편으로는 시장의 확대, 그리고 다른 한편으로는 그에 대한 사회적 저항이라는 이중운동의 형태를 띠게 된다. 시장경제의 형성과 발전을 위해서는 노동, 토지 등 주요 생산요소가 허구적 상품으로 전환되어야 하지만, 이것은 인간과 자연을 절멸시킬 것이기 때문에 사회적 반작용이 있을 수밖에 없다는 것이다. 그런데 여기서 시장경제의 내적 논리와 그것의 역사적 존재형태에 대한 폴라니의 설명에서 긴장관계가 발견된다. 폴라니는 산업사회의 가장 큰 문제를 자기조정적 시장경제의 파괴적 성격에서 찾는다. 동시에 그는 이중운동의 개념을 통해 순수한 형태의 시장경제가 등장할 수 없음을 제시하고 있다. 여기에서 경제결정론의 한계를 극복하려는 그의 시도가 논리적 모순을 안고 있음을 발견하게 된다.

논리 전개의 긴장은 다른 곳에서도 나타난다. 이를테면 사회의 자기보호가 갖는 이중적인 성격을 들 수 있다. 폴라니는 자기조정적 시장의 파괴적 성격이 그에 대한 사회의 반작용으로 이어지지만, 이것은 사회가 유지되기 위해서는 필요하다고 말한다. 동시에 사회의 자기보호 시도는 다시 시장경제 자체를 훼손할 가능성이 있다. 여기에 바로 시장경제의 내적 모순이 존재한다고 폴라니는 지적한다. 그 모순은 20세기 초에 국내적으로는 파시즘의 등장, 국제적으로는 보호무역주의와 제국주의 경쟁으로 이어졌고, 결국 시장경제에 기반을 둔 자유주의 질서는 총체적인 위기를 맞이하게 되었다. 그런데 시장의 훼손이 과연 경제체제의 위기를 의미하는 것인가에는 의문을 제기할 수 있고, 사실 폴라니 자신도 경제에 대한 사회적 통제를 주장하고 있다. 그렇다면 자기보호를 위한 시장의 훼손과 경제체제의 위기 사이에는 어떤 경계선이 있는 것인가. 이를테면 농산물 시장개방에 대한 농민들의 저항은 극단적인 형태의 시장경제가 가져올 파멸적인 결과에 대한 완충작용으로 이해할 것인가. 아니면 보호주의의 한 유형으로서 경제체제의 위기를 내포하고 있는 것인가.

한 이론가가 시공간적으로 상이한 사회들에 대해서 모두 균형 잡힌 배려를 하는 것은 쉽지 않다. 폴라니가 서구사회의 위기에서 출발하고 있다는 것은 분명하지만, 서구 이외의 다른 사회에 주목한 것은 그의 중요한 공헌 가운데 하나이다. 다만 일부 지나치게 단순화시킨 측면이 없지 않다. 이를테면 경제 통합 유형과 관련하여 폴라니는 중국과 같은 동양사회에서 재분배의 통합 유형이 지배적이었다고 보고 있다. 좀더 자세한 설명이 없는 한 사회 전체의 재화 배분이 중앙정부의 관할 사항인 것처럼 보일 수 있다. 실제 동양사회는 토지사유제, 광범위한 촌락의 존재, 그리고 관료제의 혼합형태에 해당된다고 할 수 있다. 또한 원시공동체, 동양의 관료국가, 복지국가 등이 모두 재분배의 통합 유형으로 간주되고 있는데, 실제 이들은 공통점보다 차이점이 오히려 많다. 그의 논의가 시장경제와 원시공동체에 집중되어 있고, 여타 사회에 대한 연구는 상대적으로 부족한 편이기 때문에 비교체제론의 시각에서 보완되어야 할 부분이 있다.

또 폴라니의 경제인류학 연구는 시장경제에 대한 비판에서 출발하고 있다는 점은 분명하지만, 그에 대한 현실적인 대안의 제시에는 한계가 있다. 그것은 그의 접근방식과 긴밀한 관계를 갖는다. 이를테면 마르크스의 경우 오늘날 시장경제 자체에 대한 집중적인 분석을 통해 체제의 현실적인 모순과 그에 대한 대안을 제시하고 있다. 그에 반해 폴라니는 시장경제 자체보다는 비시장경제와 시장경제의 형성에 대한 분석을 통해 시장경제를 상대화하고 다른 가능성들을 제시하려고 하였다. 이중운동의 개념은 시장경제의 모순을 제기하고 있는 것으로 볼 수 있지만, 결국은 "경제를 사회에 다시 끌어들여야 한다"거나 "실체적 경제의 회복"과 같은 포괄적인 방향을 제시하고 있을 뿐이다. 그뿐만 아니라 그것을 실천할 때, 사회적 강제와 개인의 자유 사이에 균형을 잡는 문제도 현실적으로 간단하지가 않다. 특히 폴라니가 강조하는 양보와 체념의 개념은 이기적인 인간의 본질에 비춰볼 때 지나치게 이상주의적으로 보인다. 마찬가지로 시장경제 이전, 즉 원시나 고대 경제체제들이 제도창출의 단초를 제공하는 것은 분명하지만 현대사회의 복잡성을 염두에 둔다면, 더 많은 보완작업이 수반되어야 할 것이다.

그러나 폴라니의 가치는 구체적인 대안의 제시가 아니라, 문제에 대한 인식과 그것을 위해 포기하지 않고 노력하는 기본적인 자세에 대한 가르침에 있다. 사실 인류가 수많은 문제에 직면하고 있지만, 그에 대한 체계적인 대안을 찾지 못하고 있는 것이 현실이다. 이것은 상당 부분 시장경제와 그것의 확대로서 — 폴라니는 언급하지 않았지만 — 글로벌화의 이념적 헤게모니, 그리고 그에 따른 대안적 사고의 질식에 기인하고 있다. 이러한 관점에서 보면, 폴라니의 의의는 바로 대안적 사회의 구상에 필요한 풍부한 사회학적 상상력을 자극하고 있다는 데에 있다. 특히 사회주의의 몰락 이후 비판적 지식인들 사이에 폴라니에 대한 논의가 활발해지고 있는 것은, 무엇보다도 그가 신선한 아이디어로 지배권력과 기성관념에 대한 저항의 필요성과 가능성을 보여주고 있기 때문이라고 생각한다.

폴라니가 지은이에게 주는 또 하나의 시사점은 연구자로서의 개방적인 태도와 주변적인 것들에 대한 응당한 관심이다. 이 책의 '부록'에 나온 그의 생애에서 확인할 수 있는 것처럼, 폴라니 자신이 유럽정치의 변경으로 전락한 헝가리에서 성장하였고, 인생 역정 역시 계속되는 망명에서 나타난 것처럼 비주류의 위치를 벗어나지 못하였다. 그리고 학문활동에서도 제도권과는 거리가 멀었다. 이러한 배경이 그의 학문적 개방성을 낳았고, 특히 소수에 대한 깊은 관심으로 이어졌다고 생각한다. 폴라니 스스로도 "나의 작업은 아시아를 위하고, 아프리카를 위하고, 그리고 새로운 민족들을 위한 것이다"라고 언급하고 있다.[4]

사실 주변적인 것에 대한 관심은 단순히 폴라니의 개인적 정서에 기인하는 것만은 아니다. 그것은 실제적 근거가 있다. 그것은 경제가 덜 발전한 사회일수록 경제적 규칙이 다양한 사회적 관계와 얽혀있어 더욱 복잡하기 때문이다. 한 사회이든 개인이든 물질적 생존이 어려울수록 다양한 방식에 의해 그것을 모색하지 않으면 안 되는 것과 같은 이치이다. 더욱이 시장에

---

4) Ilona Duczynska-Polanyi, "Karl Polanyi: Notes on His Life," Karl Polanyi, *The Livelihood of Man*, 1997, p.xx.

의한 자원 배분이 이루어지지 않을 때에는 사회적·정치적으로 그에 대한 정교한 규칙이 있어야 하는데, 실제 역사적으로 그리하였다. 물론 연구자가 소위 시장심리에서 벗어나지 못하고 시장경제의 기준으로 이들 사회를 바라본다면, 그러한 다양하고 풍부한 측면들은 기껏해야 주변적인 것으로 치부되어 시야에서 벗어나거나, 아니면 전근대적이고 불합리한 것으로서 부정적으로 묘사될 뿐이다. 따라서 좀더 개방적인 자세를 가져야만 인류가 경험해 온 풍부한 경제활동에서 좀더 다양한 경제구조와 행위를 확인할 수 있고, 이것은 시장사회의 모순을 넘어 더 나은 삶을 추구할 수 있도록 우리의 시야를 크게 확대시켜 줄 것이다.

제1·2차세계대전, 대공황, 파시즘의 등장 등 서구사회의 격동기에 오스트리아, 헝가리, 영국, 미국, 캐나다 등에서 방랑자적 생애를 보냈던 폴라니는 자신의 표현대로 '세계인의 삶'을 살았다.[1] 그의 사상과 행동은 동시대의 헝가리인으로서 우리에게 비교적 잘 알려진 게오르그 루카치(György Lukács) 등과 더불어 당시 유럽에 유행하던 지적 흐름과 사회 현실에서 제기되는 문제들에 대한 해답을 찾으려는 끊임없는 노력이었다. 지성사에서 그의 독자적인 기여로 평가되는 『대전환』의 문제의식과 이론, 그리고 그 이후 경제인류학 연구는 이러한 실천적 과정의 산물이라고 할 수 있을 것이다.

1. 출생배경과 교육

폴라니는 1886년 10월 21일 오스트리아의 비엔나에서 태어났다.[2] 그의 아버지 미할리 폴라섹(Mihály Pollacsek: 1848~1905)은 철도기술자로, 그리고 나중에는 철도사업가로 성공을 거둔 유대계 헝가리인이었고, 어머니 체칠레 볼(Cecile Wohl: 1862~1939)은 러시아 출신의 활동적이고 지적인 여성이었다. 그녀는 S. 클라츠코, L. D. 트로츠키를 포함하여 러시아 망명객들과 교제하였다. 자녀들이 아직 어렸을 때, 아버지는 헝가리의 부다페스

---

1) LM, p.xx.

2) 폴라니의 전기는 없고, 그의 생애에 대한 기록은 여러 곳에 산재해 있다. 여기서는 Ducyznska-Polanyi, 1977; Polanyi-Levitt(ed.), 1990; Stanfield, 1986; Polanyi- Levitt, 2003; Polanyi-Levitt and Mendell, 1987; McRobbie and Polayi-Levitt(eds.), 2000; Humpreys, 1969 등을 주로 참조.

트로 이주하게 되었고, 폴라니도 거기에서 성장하게 되었다. 부유하고 지적인 가정 배경과 더불어 그에게는 훌륭한 교육의 기회가 주어졌다. 다섯의 어린 자녀들은 12, 13세까지 가정교육을 통해 헝가리어, 독일어, 영어를 유창하게 할 정도가 되었고, 어렸을 때 그리스어와 라틴어도 배웠다. 폴라니는 나중에 유명한 과학자이자 철학자로 명성을 얻게 되는 동생 미카엘 폴라니(Michael Polanyi)와 함께 부다페스트에서 가장 좋은 인문계 중고등학교인 트레포르트 스트리트 김나지움(Trefort Street Gymnasium)에 다녔다. 학교에서 그는 누구보다도 두각을 나타냈다.

2. 부다페스트 법대에서 학생운동

1904년 가을 폴라니는 부다페스트 법정대학에 입학하였고, 이듬해 2월에는 러시아혁명이 발생하였다. 이때, 부다페스트의 대학생들은 러시아 학생들을 응원하는 선언문을 발표하기도 하였다. 선언문에는 전제주의에 대한 대중투쟁에서 혁명적 선전의 중요성이 강조되었고, 선언문의 초안에는 부다페스트 대학을 다니던 형 아돌프(Adolf)가 참여하였다. 이러한 분위기에서 그는 사회주의 사회의 건설에 대한 관심을 갖게 되었고, 마르크스주의의 기본 교리와 유물론 등을 알게 되었다. 그는 대학에서 법학 이외에 역사학, 사회과학 등도 공부하였다.

사회주의 학생운동이 점차 쇠퇴해 갈 무렵인 1908년, 폴라니는 진보적 학생들의 문화운동 모임인 갈릴레이 서클(Galilei Circle)의 창립을 주도하였다. 그는 이 그룹의 잡지인 ≪자유사상가(Szabadgóndolat)≫의 편집장으로 활동하였다. 이 모임은 당시 헝가리 귀족들이 강요하는 정통 기독교와 민족주의를 대체하려는 문화운동의 성격을 띠었다. 이 모임의 취지는 종교적·인종적·계급적 편견들에 대항하여 학문적·과학적 자유를 지키는 것이었다. 이를 위해 이 모임은 1905년 혁명을 전후로 러시아에서 나타난 젊은 혁명가들의 선례에 따라 농촌에 대한 사회학적 조사와 산업노동자들을 위한 학습반 운영 등 활발한 활동을 벌였다. 이를테면 갈릴레이 서클에는 막스 아들러(Max Adler), 베르너 좀바르트(Werner Sombart), 에두아르트 베른슈타인(Eduard Bernstein), 게오르그 루카치 등 외국의 저명한 학자들이 강의를 하기도 하였다. 폴라니는 1910년 삼촌인 카로이 폴라섹(Károlyi Pollacsek)의 변호사 사무실에서 일하게 될 때까지 갈릴레이 서클의 회원으로 활동하였다.

3. 헝가리혁명과 정치참여

부다페스트 대학에서는 각종 논쟁이 활발하였고, 폴라니도 거기에 적극적이었다. 결국 보수적인 학생들과 주먹다짐이 벌어져 폴라니는 부다페스트 대학에서 쫓겨나 1909년에야 콜로즈바(Kolozsvár) 대학에서 법학박사 학위를 받아야 했다. 그 후 얼마간 폴라니는 변호사로서 일하게 되었지만, 그 직업을 좋아하지 않았고 정치에 입문하게 되었다. 즉, 그는 갈릴레이 서클에서 함께 활동하였던 사회학자 오스카 야시(Oszkár Jászi)가 1913년 지식인, 중산계급, 농민, 그리고 비헝가리 소수민족 등의 단결을 기반으로 한 '전국 시민급진당(National Citizens' Radical Party)'을 조직할 때 거기에 주도적으로 참여하였다. 이 조직은 농민동맹과 민족문화를 강조하는 민중주의에 기반을 두었다. 그러나 1914년 6월 여름, 이 조직은 공식적으로 출범하였지만 곧 이어 발생한 제1차세계대전으로 폴라니의 정치적 활동은 중단되었다. 그는 1915년부터 1917년까지 오스트리아-헝가리 군대의 기병대 장교로서 대(對)러시아 전선에서 복무하였고, 결국 심한 부상으로 부다페스트로 되돌아와 입원했다.

1918년 여름에 폴라니는 다시 정치활동을 재개하였지만, 심한 병고로 적극적인 활동은 할 수 없었다. 그렇지만 국내 상황에는 커다란 변화가 나타났다. 오스트리아-헝가리 제국이 제1차세계대전에 참여하여 패배한 상황에서 1918년 10월 시민혁명이 발발하였고, 미하이 카로이(Mihály Károlyi)를 대통령으로 하는 '독립당(Independence Party)'과 사민주주의자들의 연립정부가 출범하였던 것이다. 카로이 정부는 국민의 참정권, 사상의 자유, 토지개혁 등을 내세웠고 여기에 '전국 시민급진당'의 오스카 야시가 민족 담당 장관으로 참여하였다.[3] 폴라니는 참전으로 얻은 심한 부상 때문에 카로이 정부에 참여하지 않았지만, 우호적인 관찰자 입장에 있었다. 그렇지만 얼마 지나지 않아 카로이 연립정부는 국내외적 문제로 교착상태에 빠지게 되었고, 이듬해 봄 벨라 쿤(Béla Kun)이 이끄는 '헝가리 공산당'이 사회주의자들과 연립권력을 장악하게 되었다. 이 프롤레타리아트 독재 정권은 한편으로 주요 산업을 국유화하고, 다른 한편으로 헝가리에서 분리를 선언한 지역들에 대한 군사적 회복을 추진하였다. 결국 대외적 공략의 실패로 공산당 정권 자체도 단명하여 그해 여름 우익정부로 대체되었다. 폴라니는 공산당 정권을 비판적으로 지지하는 입장에 있었지만, 좌파들의 붕괴와 우익정권에 의한 백색테러가 임박한 1919년 6월, 그의 친구이자 후견인이었던 야시를 따라 오스트리아의 비엔나로 망명하였다.

4. 비엔나 망명과 ≪오스트리아 이코노미스트≫

비엔나에서 폴라니는 그곳으로 망명한 카로이와 야시 등이 이끄는 헝가리 망명 민주인사들과 함께 활동하였다. 이때 그는 헝가리 공산당원으로서

---

[3] 당시 오스트리아-헝가리는 다민족으로 구성되어 있었을 뿐만 아니라 전쟁의 패전국이었기 때문에, 안팎으로 압력을 받았고 특히 민족 간의 조정이 가장 중요한 문제였다. 카로이 정부의 정책과 성격에 대해서는 김지영, 「헝가리 시민 민주주의 혁명 1918: 카로이 미하이의 개혁안을 중심으로」, ≪동유럽연구≫, 제9권, 2000 참조.

두드러진 혁명 경력을 가진 일로나 두친스카(Ilona Duczynska)를 만나 결혼
하게 되었다. 특히 그는 1921년부터 아시가 편집장으로 있던 주간지 ≪비엔
나의 헝가리 신문(Bécsi Magyar Ujság)≫의 편집진으로 일하였다. 이 잡지는 세
계경제, 국제정치, 과학과 이데올로기 등의 문제를 다루었다. 헝가리에서
사회주의 시도의 몰락을 경험한 그는 민주, 평등, 자유의 요소가 배제되지
않은 진정한 사회주의를 고심하게 되며, 결국 길드 사회주의적 모델에서
해답을 찾게 된다. 그 연장선에서 폴라니는 1922년 당시 비엔나 대학의
경제학 교수였던 미제스(Ludwig Edler von Mises)가 제기한 사회주의 경제의
기술적 가능성에 대한 논쟁에 참여하였다. 미제스는 시장에 의한 가격 결
정이 없는 사회주의에서는 재화의 생산 방법에 관한 합리적인 회계가 불가
능하다고 주장하였다. 그에 대해서 폴라니는 중앙집중적 계획체제의 문제
점에 대한 대안으로서 산업별 단위의 경제조직과 회계에 기반을 둔 길드
사회주의4)의 가능성을 역설하였다.
  점차 논객으로서 명성을 얻은 폴라니는 1924년 당시 중부 유럽의 대표적
인 경제주간지인 ≪오스트리아 이코노미스트(Der Österreichische Volkswirt)≫에 선
임 편집자로 위촉되었다. 그는 이 잡지에서 특히 외교정책과 국제문제 전문
가로 10년 이상 일하였다. 그는 활동적인 저널리스트로서 유럽의 혁명과

4) 길드 사회주의(guild socialism)는 상당히 오랜 전통이 있지만, 당시에도 좌파 지식인
  들 사이에 자본주의도 아니고 볼셰비즘도 아닌 일종의 제3의 길로 널리 수용되고
  있었다. 대표적인 이론가로서 영국의 콜(G. D. H. Cole)은 사회발전에서 마르크스주
  의 경제적 결정주의를 비판하면서 인간의 의지를 강조하였다. 그의 이론을 ≪비엔나의
  헝가리 신문≫에 소개하기도 했던 폴라니가 특히 높게 평가한 것은 콜이 산업사회의
  구조 자체에서 사회주의의 가능성을 발견하였다는 것이었다. 콜에 따르면 노동자들
  은 노조를 산업별 결사체로 전환하여 현대적 길드를 만듦으로써 자신의 자치에 대
  한 요구를 관철시킬 수 있다. 국가(지방정부)는 핵심적인 길드들 가운데 하나로서만
  존재하는데 무엇보다도 소비자들의 이익을 보호한다. 그에 반해 산업 길드들은 생산
  자의 이익을 보호하는 역할을 한다. 그런데 길드 사회주의하에서는 모든 인민이 노
  동자인 동시에 소비자, 생산자이기 때문에 기능적 결사체로서 각각의 길드들은 결국
  동일한 사람들을 대표하는 것이 되며, 따라서 그들 사이의 조화를 확보할 수 있다
  (Lee Congdon, 1990). 유사한 맥락에서 폴라니는 길드 사회주의의 본질은 "공유제
  가 아니라 노조와 법인체에 의한 민주적인 통제를 통해 생산수단을 사회화하려는
  것"이라고 하였다(Gyurgyák, 2000).

반혁명, 동유럽 국가들의 붕괴, 1931년부터 1933년 사이의 세계경제 공황, 그리고 나치스의 등장과 같은 세계의 정치경제 흐름을 긴밀하게 관찰하게 되었다. 무엇보다도 그의 관심은 당시 서구사회가 처해있는 경제적 불안과 정치적 교착상태였다. 유럽사회의 위기에 대한 이러한 관찰은 폴라니의 대표적인 저작 『대전환』의 문제의식으로 이어졌다.[5]

그렇지만 1930년대 초 대공황과 나치스의 등장은 폴라니의 인생에도 중요한 의미를 가진다. 1933년 폴라니는 ≪오스트리아 이코노미스트≫를 그만두게 되는데, 그것은 대공황과 더불어 나치스가 이 잡지를 독일에서 금지한 결과 판매부수가 크게 떨어졌고, 특히 그의 진보적 성향이 새로운 시대적 상황에서 문제가 되었기 때문이다. 그리고 당시 유럽의 위기는 무엇보다도 『대전환』의 문제의식, 즉 정치적 민주주의, 자유 시장경제, 그리고 세력균형을 포괄하는 유럽의 자유주의 체제가 직면한 위기였다. 특히 파시즘의 등장은 그에게 절망스러운 일이었다. 오스트리아에도 파시즘이 대두되는 가운데 1934년 2월 폴라니는 영국으로 망명하지 않을 수 없었다.

비엔나에서 폴라니는 저널활동 이외에도 갈릴레이 서클에서와 마찬가지로 사회주의 경제학에 대한 공개강의와 같은 성인교육 활동과 개인적인 세미나에 적극 참여하였다. 그러한 과정은 그가 나중에 영국과 미국에서 진행하는 연구의 아이디어를 형성하는 데 크게 기여하였다. 그 외에 그는 정치에는 거의 관여하지 않았지만, 오스트리아 사회민주당 당원이었다.

5. 영국 망명과 노동자 교육

영국에서 폴라니는 소위 기독교 좌파라 불리던 소규모의 지식인 및 종교지도자들과 관련을 맺었다. 그들은 기독교적 세계관과 러시아에 대한 열렬한

5) S. C. Humphreys, "History, Economics and Anthropology: The Work of Karl Polanyi," *History & Theory*, 8, No.2, 1969, p.169.

지지를 결합하여 폴라니보다 더 좌파적인 입장에 있었다. 그는 1935년 존 루이스(John Lewis) 등과 「기독교와 사회혁명(Christianity and the Social Revolution)」이라는 심포지엄 자료의 공동편집을 담당했다. 여기에 그는 「파시즘의 본질(The Essence of Fascism)」과 같은 에세이를 기고하기도 했고, 1931년 독일에서 처음 발간되었고 나치스 집권으로 스위스로 밀반출된 마르크스의 초기 저작 「경제철학수고」[6](1844)를 소개하기도 했다(Polanyi-Levitt, 2003).

그렇지만 영국에서 폴라니의 주된 작업은 당시 옥스퍼드 대학과 런던 대학의 성인교육 프로그램인 노동자교육협회(Workers' Education Association)의 강사로 일하는 것이었다. 그것은 1934년부터 시작되어 1940년 그가 미국의 베닝톤 대학(Bennington College)으로 떠날 때까지 계속되었다. 성인 노동자 교육은 그에게 새로운 의식의 지평을 열어주었다. 강의를 위해 그는 영국의 경제와 사회사, 그리고 노동문제에 대해 집중적으로 연구하게 되었던 것이다. 여기서 그는 노동자들의 삶에서 전통적 문화유산을 해체시키고 생활환경을 황폐화시키는 산업혁명의 파괴적 면모를 보게 되었다. 그것은 사회주의적 성향이 강했던 비엔나 노동계급의 높은 문화적 수준과 비교해 봤을 때 큰 충격이었다. 비엔나에서 저널리스트로 활동하면서 얻은 유럽의 위기에 대한 통찰력은 이제 자기조정적 시장의 근원과 그 결과에 대한 역사적 탐구로 이어지게 되었다.

---

6) 폴라니가 마르크스에 대해 비교적 체계적으로 해석한 언급을 영국 망명 이후 2~3년 동안 쓴 몇 편의 논문에서 집중적으로 발견할 수 있는데, 폴라니는 주로 마르크스의 초기 저작에 집중하고 있다. 해당 논문의 한글 번역은 칼 폴라니 지음·홍기빈 옮김(2002: 75~100) 참조. 「경제철학수고」에서 마르크스가 제기한 상품물신성, 인간관계의 대상화, 소외 등 개념은 『대전환』에서 유사하게 수용되었다. 마르크스와 폴라니의 차이점과 유사점에 대해서는 Block(2003) 참조.

6. 미국 이주와 『대전환』 집필

영국에 있으면서 이미 수십 차례 강의를 위해 미국을 방문하였던 폴라니
는 마침내 피터 드러커(Peter Drucker) 교수의 소개로 버몬트(Vermont)의 베
닝톤 대학 초빙학자로 임명되었다. 그는 이 대학에서 제2차세계대전이 한
창이던 1941년부터 1943년까지 약 3년 동안 비교적 조용한 시간을 보내면서
『대전환』을 집필하였다. 그 과정에서 그는 록펠러 재단(Rockfeller Foundation)
에서 2년간 연구비를 지급받았다. 그는 1943년 봄 다시 영국으로 돌아와
그 책을 마무리하여 1944년 미국에서 처음으로 출판하였다.[7]『대전환』에
서 그는 20세기 유럽의 위기를 19세기 서구에서 지배적인 경제체제인 시
장경제의 내재적 원리에서 찾으려고 시도하였다. 『대전환』은 처음 몇 년
동안 별다른 주목을 받지 못하였으나, 점차 경제사회학과 국제정치경제학
에서 핵심적인 지위를 얻게 되었다. 1977년 시사주간지 ≪타임(TIME)≫은
이 책을 20세기에 영향력 있는 세계 100대 저술의 하나로 선정하였다.

폴라니는 1943년 다시 영국으로 돌아와 노동자 교육 협회의 일을 계속
하였지만 결국 나이 61세가 되던 1947년 뉴욕에 있는 콜롬비아 대학의 초빙
교수로 임명되었다. 그는 1950년 캐나다 토론토에서 가까운 피커링(Pickering)
에 정착하게 되는데, 그것은 미국정부가 공산주의 운동 경력이 있는 아내 일
로나의 입국을 허용하지 않았기 때문이다. 어쨌든 그는 1947년에서 1953년
사이에 컬럼비아 대학에서 강의하였고, 특히 대학원 과정의 일반경제사 강
의는 매우 인기를 끌었다. 이 기간에 폴라니는 이 대학의 사회과학 연구위
원회(Council for Research in Social Sciences)의 도움으로 경제제도의 역사적
기원에 대해 연구할 수 있었다.

---

7) 1944년 미국에서, 그리고 1945년 영국에서 출간되었을 당시 이 책의 제목은 『우리
시대의 기원(The Origins of Our Time)』이었고, 1957년과 2001년에 『대전환: 우리 시
대의 정치경제적 기원(The Great Transformation: the political and economic origins of our
time)』으로 다시 발간되었다.

7. 경제인류학과 『초기 제국의 교역과 시장』

1953년 67세의 나이로 콜롬비아 대학을 퇴직하였을 때, 그는 이 대학의 경제학 부속교수(adjunct professor)로 임명되어 연구를 계속할 수 있었다. 이 때 그는 이 대학의 인류학 교수였던 아렌스베르그(C. M. Arensberg), 헤리 피어슨(H. W. Pearson) 등과 공동으로 포드재단의 행태과학 분과에 경제발전의 제도적 측면에 관한 학제적 프로젝트를 신청하였다. 이 프로젝트는 콜롬비아 대학에서 관리하였는데, 이미 1948년 콜롬비아 대학의 사회과학연구위원회는 폴라니의 지도하에 경제제도의 기원에 관한 연구 프로젝트를 지원한 적이 있었다. 두 프로젝트는 서로 연속성을 가지게 된 셈이었다. 1953년부터 폴라니는 포드재단의 프로젝트에 풀타임으로 종사하게 되었고, 그 프로젝트는 1956년 다시 2년 연장되었다. 프로젝트의 진행 과정에서 경제학, 인류학, 사회학 등을 전공하는 폴라니의 제자들과 동료들이 대거 참가하게 되었고, 그 결과물로 1957년『초기 제국의 교역과 시장(Trade and Market in the Early Empires)』이 출간되었다.

『초기 제국의 교역과 시장』은 당시 경제인류학의 형식주의에 대항하여, 비시장사회에 대한 경제 분석에서 사회제도의 중요성을 강조하였다는 점에서 도전적이었다. 그 이후 폴라니는 이제까지 시장사회에 대한 직접적 분석에서 벗어나 전통사회에 대한 분석, 즉 경제인류학적 분석에 집중하게 되었고 그것은 사회과학에서 그의 큰 업적으로 남게 되었다. 포드재단의 프로젝트가 끝나고 동서냉전의 균열 조짐이 나타나는 1960년대 초, 폴라니는 경제학과 정치학의 비교연구에 관한 잡지이면서 세계평화를 지향하였던 ≪공존(Co-Existence)≫의 창간을 주도하게 되었다. 그와 함께 1961년 그는 조국 헝가리를 다시 방문하였고, 1963년에는 부다페스트 학술원의 초청으로 강의하였다. 잡지 ≪공존≫은 폴라니가 1964년 4월 23일 죽고 난 그해 11월에 출간되었다.

8. 사후에 출간된 주요 업적들

폴라니 사후에 경제인류학 연구 논문들이 동료나 제자들에 의해 편집되어 출간되었는데, 유고집으로 로트스타인(A. Rotstein) 교수와 공동으로 펴낸 『다호메이와 노예무역: 한 고대경제의 분석(*Dahomey and the Slave Trade: An Analysis of an Archaic Economy*, 1966)』, 달톤(G. Dalton) 교수가 펴낸 『원시, 고대, 근대 경제들: 칼 폴라니 에세이(*Primitive, Archaic and Modern Economies: Essays of Karl Polanyi*, 1968)』, 피어슨 교수가 펴낸 『인간의 경제(*The Livelihood of Man*, 1977)』 등이 전해지고 있다. 그의 글은 여러 나라의 언어로 번역되었는데, 국내에는 『대전환』, 『초기 제국의 교역과 시장』, 『인간의 경제』 등이 한글로 소개되어 있다. 1986년 11월 당시 사회주의 체제하에 있던 조국 헝가리에서 칼 폴라니 기념 학술회의가 개최된 이후 이듬해 '칼 폴라니 정치경제학 연구소(Karl Polanyi Institute of Political Economy)'[8]가 캐나다 몬트리올의 콘코디아(Concordia) 대학에 설립되었다. 이 연구소는 자료 발굴과 정기적인 국제학술회의 등을 통해 폴라니의 사상에 대한 연구작업을 활발히 전개하고 있다.

---

8) 홈페이지는 http://www.artsci-ccwin.concordia.ca/polanyi.

참고문헌

김균. 2000. 「맑스와 폴라니에 기댄 21세기 자본주의 전망」. ≪사회비평≫, 제 23권, 10~21쪽.

김영진. 2003. 「칼 폴라니의 시장사회 비판 연구: '이중운동' 개념을 중심으로」. ≪국제지역연구≫, 제8권 3호.

_____. 2004. 「칼 폴라니의 경제인류학 방법에 관한 고찰: 시장경제에 대한 대 안을 찾아서」. ≪국제정치논총≫, 제44집 4호.

김지영. 2000. 「헝가리 시민 민주주의 혁명 1918: 카로이 미하이의 개혁안을 중심으로」. ≪동유럽연구≫, 제9권.

원용찬. 1989. 「칼·폴라니의 經濟史學의 方法論과 공동체 패러다임 一考察」. ≪전북대 산업경제연구소 논문집≫, 제19권.

_____. 1994. 「폴라니의 경제사와 비시장경제」. ≪사회경제연구≫, 제4권.

_____. 1996. 「베블렌의 제도주의와 칼 폴라니」. ≪전북대 논문집≫, 제41권.

장준호. 2000. 「칼 폴라니에 있어서 경제사회학적 탐색의 가닥들」. ≪청주대 사회과학논총≫, 제21권.

조현수. 2000. 「칼 폴라니와 프리드리히 하이에크의 '기획과 진화': 자유의 실 현방식이라는 차별적 관점에서」. ≪평화논총≫, 제4권 2호.

칼 폴라니 지음·홍기빈 옮김. 2002. 『전 세계적 자본주의인가 지역적 계획경제 인가 외』. 서울: 책세상.

프레드 블록·마가렛 소머즈. 1986. 「3. 경제주의적 오류를 넘어서: 칼 폴라니의 전체론적 사회과학」. Theda Skocpol 편·박영신 외 역. ≪역사사회학의 방법과 전망≫. 서울: 대영사.

홍기빈. 1996. 「칼 폴라니의 정치경제학: 19세기 금본위제를 중심으로」. 서울 대학교 석사학위 논문.

Barber, Bernard. 1995. "All Economies Are 'Embedded': the Career of a Concept, and Beyond." *Social Research, Summer*, 62, No.2, pp.387~413.

Baum, Gregory. 1996. *Karl Polanyi on Ethics & Economics*. Montreal & Kingston: McGill-Queen's University Press.

Bell, D. 2001. "Polanyi and the Definition of Capitalism." Society for Economic and Anthropology, *Theory in Economic Anthropology*, pp.119~135.

Birchfield, Vicki. 1999. "Contesting the Hegemony of Market Ideology: Gramsci's 'Good Sense' and Polanyi's 'Double Movement'." *Review of International Political Economy*, 6, No.1(Spring), pp.27~54.

Block, Fred. 2000. "Introduction to *The Great Transformation* by Karl Polanyi for a new edition published by Beacon Press, 2001." http://sociology.berkeley.edu/faculty/evans/polanyi_intro.pdf.

_____. 2003. "Karl Polanyi and the Writing of the Great Transformation." *Theory & Society*, 32, No.3, pp.275~306.

Blyth, Mark. 2003. *Great Transformations : Economic Ideas and Institutional Change in the Twentieth Century*. Cambridge: Cambridge University Press.

Bonanan, Paul. 1966. "Foreword." Karl Polanyi. *Dahomey and the Slave Trade*, Seattle: The University of Washington Press, pp.v-vii.

Burawoy, Michael. 2001. "Transition without Transformation." *East European Politics and Societies*, 15, No.2(Spring), pp.269~292.

_____. 2003. "For a Sociological Marxism: The Complementary Convergence of Antonio Gramsci and Karl Polanyi." *Politics & Society*, 31, No.2(June), pp.193~262.

Carroll, Michael C. and James Ronald Stanfield. 2003. "Social Capital, Karl Polanyi, and American Social and Institutional Economics." *Journal of Economic Issues*, 37, No.2, pp.395~402.

Cattani, A. 1995. "Popper, Polanyi and the Notion of Rationality." *Boston Studies in the Philosophy of Science*, pp.65~74.

Dalton, George. 1968. "Introduction." Karl Polanyi. *Primitive, Archaic, and Modern*

Economies: Essays of Karl Polanyi.

Diamond, Robert. 2003. "Book Reviews: Karl Polanyi in Vienna: The Contemporary Significance of the Great Transformation." *Review of Radical Political Economics*, 35, No.1(Winter), pp.86~87.

Duczynska-Polanyi, Ilona. 1997. "Karl Polanyi: Notes on His Life." Karl Polanyi. *The Livelihood of Man*, pp.xi-xxiii.

Gislain, Jean-Jacques. 1987. "On the Relation of State and Market." *Telos*, 73(Fall), pp.147~152.

Glasman, Maurice. 1994. "The Great Deformation: Polanyi, Poland and the Terrors of Planned Spontaneity." *New Left Review*, 205, pp.59~85.

Goldfrank, Walter. 1990. "Fascism and The Great Transformation." Kari Polanyi-Levitt(ed.). *The Life and Work of Karl Polanyi*, pp.87~92.

Granovetter, Mark. 1985. "Economic Action and Social Structure: The Problem of Embeddedness." *American Journal of Sociology*, 91, No.3(Nov.), pp.481~510.

Halperin, Rhoda. 1988. *Economies across Cultures: Towards a Comparative Science of Economy*. London: Macmilan.

Harmes, Adam. 2001. "Institutional Investors and Polanyi's Double Movement: a Model of Contemporary Currency Issues." *Review of International Political Economy*, 8, No.3(Autumn), pp.389~437.

Hechter, Michael. 1981. "Karl Polanyi's Social Theory: A Critique." *Politics & Society*, 10, No.4, pp.399~429.

Hejeebu, S. and D. Mccloskey. 1999. "The Reproving of Karl Polanyi." *Critical Review*, 13, Nos.3/4, pp.285~314.

Helm, June(ed.). 1965. *Essays in Economic Anthropology, Dedicated to the Memory of Karl Polanyi*. American Ethnological Society.

Hettne, Bjorn. 1995. *Development Theory and the Three Worlds: Toward and International Political Economy*. London: Longman.

Hill, Lewis E. and Eleanor T. von Ende. 1994. "Toward a Personal Knowledge of Economic History: Reflections on Our Intellectual Heritage from the

Polanyi Brothers." *American Journal of Economics and Sociology*, 53, No.1(Jan.), pp.17~26.

Hogner, R. H. 1993. "Paying Privatization's Piper: Inevitableness, Embeddedness, and the Lessons of Karl Polanyi." *Global Interdependence*, pp.172~200.

Hodgson, Geoff. 1984. *The Democratic Economy*. Harmondsworth: Penguin.

Hollingsworth, J. Rogers and Robert Boyer(eds.). 1997. *Contemporary Capitalism: the Embeddedness of Institutions*. N.Y.: Cambridge University Press.

Holmwood, J. 2000. "Three Pillars of Welfare State Theory: T. H. Marshall, Karl Polanyi and Alva Myrdal in Defence of the National Welfare State." *European Journal of Social Theory*, 3, No.1, pp.23~50.

Humpreys, S. C. 1969. "History, Economics and Anthropology: The Work of Karl Polanyi." *History & Theory*, 8, No.2, pp.165~212.

Inayatullah, Naeem and David L. Blaney. 1999. "Towards an Ethnological IPE: Karl Polanyi's Double Critique of Capitalism." *Millenium: Journal of International Studies*, 28, No.2, pp.311~340.

Jessop, Bob, "Regulationist and Autopoieticist Reflections on Polanyi's Account of Market Economies and the Market Society." *New Political Economy*, 62, No.2, pp.213~232.

Katznelson, I. 1996. "Social Justice, Liberalism and the City: Considerations on David Harvey, John Rawls and Karl Polanyi." *The Urbanization of Injustice*, pp.45~64.

Kirby, Peadar. 2002. "The World Bank or Polanyi: Markets, Poverty and Social Well-being in Latin America." *New Political Economy*, 7, No.2, pp.199~219.

Kley, Daniel J. Van. 1996. "Polanyi and the Economic Method." Dissertation, University of Wisconsin-Madison.

Latham, Robert. 1997. "Globalization and Democratic Provisionism: Re-reading Polanyi." *New Political Economy*, 2, No.1, pp.53~63.

Lewis, Margaret. 1991. "The Age Demanded: The Rhetoric of Karl Polanyi."

Journal of Economic Issues, 25, No.2(June), pp.475~483.

Lynch, T. E. 1997. "Embracing Modernity: The Conservatism of Hayek and Polanyi." *Modern Age*, 39, No.2, pp.107~121.

MacIver, R. M. 1944. "Foreword." Karl Polanyi. *Great Transformation*, pp.ix-xii.

Mathew, Anne. 1989. "Polanyi's Double Movement and Veblen on the Army of Commonweal." *Journal of Economic Issues*, 23, No.2, pp.552~562.

Martinelli, Alberto. 1987. "The Economy as an Institutional Process." *Telos*, 73(Fall), pp.131~146.

_____. 1998. "Contemporary Capitalism: The Embeddedness of Institutions." *The American Journal of Sociology*, 104, No.1(July), pp.233~235.

McRobbie, Kenneth(ed.). *Humanity, Society and Commitment: On Karl Polanyi*, Montreal: Black Rose Books, pp.115~134.

McRobbie, Kenneth and Kari Polanyi-Levitt(eds.). 2000. *Karl Polanyi in Vienna: The Contemporary Significance of The Great Transformation*. Montréal: Black Rose Books.

Mendell, Marjorie. 2001. "A Karl Polanyi Revival." *Canadian Dimension*, 35, No. 2(March), pp.48~53.

Mendell, Marguerite. 2003. "Karl Polanyi and Instituted Process of Economic Democratization." Paper for Conference Proceedings: *Polanyian Perspective on Instituted Economic Processes, Development and Transformation*. Center for Research on Innovation and Competition: University of Manchester(Oct. 23~25).

Munck, Ronaldo. 2002. "Globalization and Democracy: A New 'Great Transformation'?" *The Annals of the American Academy of Political and Social Science*(May), pp.10~21.

O'connor, James. 1973. *The Fiscal Crisis of the State*. New York: St. Martin's Press.

Offe, Claus. 1984. *Contradictions of the Welfare State*. London: Hutchinson.

Özel, Hüseyin. 1997. "Reclaiming Humanity: The Social Theory of Karl

Polanyi." Dissertation, University of Utah.

Polanyi, Karl. 1944. *The Great Transformation: the Political and Economic Origins of Our Time*. Boston: Beacon Press.

_____. 1966. *Dahomey and the Slave Trade*. Seattle: The University of Washington Press.

_____. 1968. *Primitive, Archaic, and Modern Economies: Essays of Karl Polanyi*. (ed.) by George Dalton. Boston: Beacon Press.

_____. 1977. *The Livelihood of Man*. (ed.) by Harry W. Pearson. New York: Academic Press.

Polanyi, Karl, Conrad M. Arensberg, and Harry W. Pearson(eds.). 1957. *Trade and Market in the Early Empires: Economies in History and Theory*. New York: The Free Press.

Polanyi-Levitt, Kari(ed.). 1990. *The Life and Work of Karl Polanyi*. Montreal: Black Rose Books.

_____. 1994. "Karl Polanyi as Socialist." Kenneth McRobbie(ed.). *Humanity, Society and Commitment: On Karl Polanyi*. Montreal: Black Rose Books.

_____. 2003. "The English Experience in the Life and Work of Karl Polanyi." Paper for Conference Proceedings: *Polanyian Perspective on Instituted Economic Processes, Development and Transformation*. Center for Research on Innovation and Competition: University of Manchester(Oct. 23~25).

_____ and Marguerite Mendell. 1987. "Karl Polanyi: A Bibliographical Sketch." *Telos*, 73(Fall), pp.121~131.

Putzel, James. 2001. "Politics, the State and the Impulse for Social Protection: The Implications of Karl Polanyi's Ideas for Understanding Development and Crisis." Crisis States Programmes Working Papers, Presented to Eighth International Karl Polanyi Conference. Mexico City(Nov. 14~16).

Rogerson, Kenneth S. 2003. "Ch. 7: Karl Polanyi." Christopher May(ed.). *Key Thinkers of the Information Society*. London: Routledge, pp.135~153.

Salsano, Alfred. 1990. "The Great Transformation in the Oeuvre of Karl

Polanyi." Kari Polanyi-Levitt(ed.). *The Life and Work of Karl Polanyi*, pp.139~144.

Sánchez-Andrés, Antonio and José M. March-Poquet. 2002. "The Construction of Market Institutions in Russia: A View from the Institutionalism of Polanyi." *Journal of Economic Issues*, 34, No.3(Sept.), pp.707~722.

Schaniel, William C. and Walter C. Neale. 2000. "Karl Polanyi's Forms of Integration as Ways of Mapping." *Journal of Economic Issues*, 34, No.1(March), pp.89~104.

Searcy, Dennis R. 1993. "Beyond the Self-Regulating Market in Market Society: A Critique of Polanyi's Theory of State." *Review of Social Economy*, 51, No.2(Summer), pp.217~231.

Silver, Beverly J. and Giovanni Arrighi. 2003. "The *Belle époches* of British and U.S. Hegemony Compared." *Politics & Society*, 31, No.2(June), pp.325~355.

Smith, Adam. 1952[1776]. *An Inquiry Into the Nature and Causes of the Wealth of Nations*. Chicago: Encyclopedia Britannica, Inc.

Stanfield, J. Ron. 1986. *The Economic Thought of Karl Polanyi: Lives and Livelihood*. New York: St. Martin's Press.

Sternberg, Ernest. 1993. "Justifying Public Intervention without Market Externalities: Karl Polanyi's Theory of Planning in Capitalism." *Public Administration Review*, 53, No.2(March/April), pp.100~108.

Stodder, James. 2002. "ch. 3: Human Computability and the Institutions of Exchange: Polanyi's Models." Fikret Adaman and Pat Devine(eds.). *Economy and Society : Money, Capitalism and Transition*. Montreal: Book Rose Books.

Stroshane, T. 1997. "The Second Contradiction and Karl Polanyi's Great Transformation." *Capitalism, Nature, Socialism*, 8, No.3, pp.93~116.

Szesci, Maria. 1979. "Looking Back on the Great Transformation." *Monthly Review*, 30, No.8(Jan.), pp.34~45.

Uzzi, Brian. 1997. "Social Structure and Competition in Interfirm Networks: The

Paradox of Embeddedness." *Administrative Science Quarterly*, 42, pp.35~67.

Valensi, L. 1981. "Economic Anthropology and History: The Work of Karl Polanyi." George Dalton(ed.). *Research in Anthropology*, 5 volumes. CT: JAI Press, pp.1978~82.

Väyrynen, Raimo. 2002. "Peace, Market, and Society: Karl Polanyi's Contribution to Theory of War and Peace." Paper Presented for the 43th Annual Convention of the International Studies Association, New Orleans(March 23~27). http://www.isanet.org/noarchive/vayrynen.html.

Wakamori, M. 2001. The Double Movement and Freedom of Karl Polanyi: The Historical Implication of the Last Chapter of the Great Transformation." *Annals — Society for the History of Economic Thought*, 39, pp.146~158.

찾아보기

▪지은이

김영진
국민대 국제학부 교수
독일 베를린 자유대 정치학 박사
주요 저서: 『중국의 도시 노동시장과 사회』(한울, 2002) 외

한울아카데미 741

시장자유주의를 넘어서
칼 폴라니의 사회경제론

ⓒ 김영진, 2005

지 은 이 • 김영진
펴 낸 이 • 김종수
펴 낸 곳 • 한울엠플러스(주)

초판 1쇄 발행 • 2005년 7월 5일
초판 5쇄 발행 • 2016년 3월 18일

주소 • 10881 경기도 파주시 광인사길 153 한울시소빌딩 3층
전　　화 • 031-955-0655
팩　　스 • 031-955-0656
홈페이지 • www.hanulmplus.kr
등록번호 • 제406-2015-000143호

Printed in Korea.
ISBN 978-89-460-6147-7 93320

∗ 책값은 겉표지에 표시되어 있습니다.